¡Dale a la Gramática!

200 ejercicios
+ soluciones

B2

Carlos González Seara

· solidar · repasar · practicar · consolidar · repasar · practicar · consolidar

Audio descargable

en CLAVE ELE

Equipo editorial

Dirección editorial: enClave-ELE
Corrección: Pepe Muñoz
Cubierta: DESSIN, S.L.
Maquetación: ATyPE, S. L.
Estudio de grabación: JD Producción

© enClave-ELE, 2014
978-84-15299-18-9

Depósito legal: M-7430-2014
Impreso en España por Cimapress
Printed in Spain

Cualquier forma de reproducción, distribución, comunicación pública o transformación de esta obra solo puede ser realizada con la autorización de sus titulares, salvo excepción prevista por la ley. Diríjase a CEDRO (Centro Español de Derechos Reprográficos, www.cedro.org) si necesita fotocopiar o escanear algún fragmento de esta obra.

INTRODUCCIÓN

¡Dale a la gramática! es una colección dirigida a estudiantes jóvenes y adultos de español como lengua extranjera (ELE) que les permite estudiar, practicar y repasar estructuras gramaticales de la lengua española.

La colección está adaptada a los niveles del Marco común europeo de referencia, proyecto que estructura actualmente la mayor parte de los currículos y de los manuales de enseñanza de idiomas.

Se puede utilizar de manera autónoma, para reforzar y consolidar la gramática ya estudiada, o en clase, como soporte de otro material pedagógico.

Cada libro está organizado por capítulos que tratan sobre una estructura gramatical concreta. En cada capítulo, los ejercicios progresan paulatinamente en dificultad.

La tipología de ejercicios es variada para mantener el interés de los estudiantes: tachar, relacionar, completar…

Los ejercicios se presentan de manera simple, con consignas claras y con un ejemplo para garantizar la comprensión.

Cada capítulo se cierra con uno o dos ejercicios de repaso: textos cortos (narraciones o diálogos) inscritos en contextos de la vida cotidiana que permiten a los estudiantes autoevaluarse y consolidar lo aprendido.

Con objeto de una mayor motivación, se ha procurado presentar los ejercicios en el contexto cultural y social actual de la comunidad hispanohablante.

El audio, que se puede descargar en www.enclave-ele.net/gramatica, permite el trabajo de la comprensión oral con los ejercicios de repaso.

Para facilitar su tarea, los estudiantes tienen las soluciones de los ejercicios planteados al final de cada libro.

ÍNDICE

1. Sustantivos y adjetivos 7
2. Los artículos 15
3. Los pronombres 23
4. Los relativos 33
5. Los interrogativos y exclamativos 39
6. Los adverbios 43
7. El imperfecto de subjuntivo 51
8. Formas no personales del verbo 61
9. La voz pasiva y ser/estar 71
10. Formas verbales compuestas del subjuntivo 79
11. Subordinadas sustantivas 87

SOLUCIONES 97

Capítulo 1

SUSTANTIVOS Y ADJETIVOS

1. Tachar la respuesta incorrecta.

Ejemplo: El **Papa** / ~~papa~~ Francisco es de origen italiano.

1. El *Papa / papa* es el jefe de la *Iglesia Católica / iglesia católica*.
2. Hay muchas *Mezquitas / mezquitas* en Marrakech.
3. Francia es una *República / república*.
4. La *Monarquía / monarquía* española fue reinstaurada en 1975.
5. *La Tierra / tierra* gira en torno *al Sol / sol*.
6. *La Tierra / tierra* de esta región es muy fértil.
7. La catedral de *San / san* Pedro está en Roma.
8. Hoy hace un *Sol / sol* radiante.

2. Poner el artículo delante del nombre cuando corresponda.

Ejemplo: *El* Perú es un país andino.

1. _____ Brasil es el país más extenso de América del Sur.
2. _____ Argentina es un gran productor de carne de vacuno.
3. _____ Chile tiene miles de kilómetros de costa.
4. _____ Canadá es un país poco poblado.
5. _____ Venezuela es rico en petróleo.
6. _____ Estados Unidos tienen el dólar como moneda.
7. _____ Paraguay tiene como lenguas oficiales el español y el guaraní.
8. _____ Cuba tiene como capital La Habana.

3. Tachar la respuesta incorrecta.

Ejemplo: *El* / ~~*La*~~ agua estaba muy fría para bañarse.

1. *Los / Las* aguas minerales no son todas iguales.
2. *El / La* hambre es todavía un azote en algunos países.
3. *El / La* gran aula fue abierta al público.
4. *El / La* poca agua que había fue desperdiciada.
5. *Un / Una* águila voló por encima de nuestras cabezas.
6. No había ni *un / una* alma en la calle.
7. Venían con *un / una* clara ansia de venganza.
8. *Los / Las* hadas son personajes de literatura.

4. Relacionar el masculino con el femenino.

1. hombre
2. yerno
3. caballeros
4. padre
5. caballo
6. cordero
7. buey
8. macho

a. damas
b. madre
c. nuera
d. mujer
e. vaca
f. hembra
g. yegua
h. oveja

5. Poner los sustantivos en femenino.

Ejemplo: duque → *duquesa*

1. príncipe → _____
2. rey → _____
3. emperador → _____
4. barón → _____
5. actor → _____
6. alcalde → _____
7. héroe → _____
8. poeta → _____

6. Poner los sustantivos en plural.

Ejemplo: tabú → ***tabúes***

1. vermú → _____
2. tutú → _____
3. jabalí → _____
4. bisturí → _____
5. champú → _____
6. maniquí → _____
7. interviú → _____
8. hindú → _____

7. Poner el sustantivo entre paréntesis en plural.

Ejemplos: Los (lunes) **lunes** no trabajamos.
Los (mes) **meses** pasan muy rápidos.

1. Los (danés) _____ son escandinavos.
2. Las (crisis) _____ son difíciles de superar.
3. Los (virus) _____ son muy resistentes.
4. Los (autobús) _____ pasan muy a menudo.
5. Las (tesis) _____ son demostrables.
6. Los (país) _____ no se ponen de acuerdo.
7. Los (compás) _____ son instrumentos que sirven para trazar curvas.
8. Las (faringitis) _____ son muy comunes en invierno.

8. Contestar a la pregunta poniendo el sustantivo en femenino.

Ejemplos: ¿Quién es esa señora? / Conferenciante → *Es la conferenciante.*
¿Quién es esa señora? / Presidente → *Es la presidenta.*

1. ¿Quién es esa chica? / Dependiente → _____
2. ¿Quién es esa señora? / Comercial → _____
3. ¿Quién es esa chica? / Viajante → _____
4. ¿Quién es esa señora? / Cliente → _____
5. ¿Quién es esa chica? / Conserje → _____
6. ¿Quién es esa señora? / Teniente → _____
7. ¿Quién es esa chica? / Sastre → _____
8. ¿Quién es esa señora? / Jefe → _____

9. Tachar la forma incorrecta, cuando corresponda.

Ejemplos: Me caí en ***la escalera*** / *las escaleras*.
Mi casa queda en ***las afueras*** / ~~*afueras*~~.

1. Siempre se pone *pantalón* / *pantalones*.
2. Tengo un problema de *intestino* / *intestinos*.
3. Es una tienda de *comestible* / *comestibles*.
4. Tengo *ojera* / *ojeras*.
5. Pásame *la tijera* / *las tijeras*.
6. No guardo *recuerdo* / *recuerdos* de ese día.
7. Aquí venden *espagueti* / *espaguetis*.
8. No utilizo *gafa* / *gafas*.

REPASO

10. Tachar la forma incorrecta.

Pista 1

¿De qué materia estaban hechos el *Sol* / *sol*, la *Tierra* / *tierra*, el *Mar* / *mar*, el *Aire* / *aire*, la *Luna* / *luna*, las *Estrellas* / *estrellas*? Los filósofos y astrónomos griegos buscaban un elemento del que estaba hecho todo el *Universo* / *universo*. El filósofo Empédocles fue el primero en hablar de los cuatro elementos: *Tierra* / *tierra*, *Agua* / *agua*, *Aire* / *aire* y *Fuego* / *fuego*. Para los antiguos *Griegos* / *griegos*, la mezcla de estos cuatro elementos determinaba los diferentes materiales que se encuentran en la *Tierra* / *tierra*. Los *Romanos* / *romanos* los adoptaron. Tras la caída del *Imperio Romano* / *imperio romano* perduraron durante la *Edad Media* / *edad media* y el *Renacimiento* / *renacimiento*.

11. Escribir el contrario.

Ejemplo: agradable → ***desagradable***

1. simpático → _____
2. maduro → _____
3. útil → _____
4. necesario → _____
5. olvidable → _____
6. cubierto → _____
7. moral → _____
8. típico → _____

12. Decir lo contrario.

Ejemplo: El modelo económico es productivo.
→ *El modelo económico es improductivo.*

1. La situación es real. →
2. El Estado es confesional. →
3. Este proceso es viable. →
4. La respuesta es normal. →
5. Fue un alimento apreciado. →
6. El documento es correcto. →
7. Es una actitud responsable. →
8. Es una situación cómoda. →

13. Transformar según el modelo.

Ejemplo: Es tirando a blanco. → *Es blanquecino.*

1. Es tirando a verde. →
2. Es tirando a rojo. →
3. Es tirando a gris. →
4. Es tirando a negro. →
5. Es tirando a rosa. →
6. Es tirando a azul. →
7. Es tirando a amarillo. →
8. Es tirando a blanco sucio. →

14. Sustituir el gerundio por un adjetivo.

Ejemplo: Se quedó pensando. → *Se quedó pensativo.*

1. Entró ganando. →
2. Salió perdiendo. →
3. Se quedó dudando. →
4. Llegó exigiendo. →
5. Vino dominando. →
6. Se le vio participando. →
7. Subió sudando. →
8. Bajó sonriendo. →

15. Formar frases según el modelo.

Ejemplo: Siempre está comiendo. → *¡Qué comilón es!*

1. Siempre está durmiendo. → _____
2. Siempre está protestando. → _____
3. Siempre está comprando. → _____
4. Siempre está gastando. → _____
5. Siempre está ahorrando. → _____
6. Siempre está criticando. → _____
7. Siempre está gruñendo. → _____
8. Siempre está quejándose. → _____

16. Acabar la frase según el modelo.

Ejemplo: El adepto del socialismo es *socialista.*

1. El que utiliza la hipocresía es _____
2. El adepto del cosmopolitismo es _____
3. El que no tiene patria es _____
4. El que practica el despotismo es _____
5. El que no acepta ninguna autoridad es _____
6. El que comete un homicidio es _____
7. El que practica el laxismo es _____
8. El adepto de las tesis de Marx es _____

17. Tachar la forma incorrecta.

Ejemplo: Lo conozco desde la infancia. Es un ***viejo amigo*** / ~~*amigo viejo*~~.

1. Ángel es realmente mi *amigo único / único amigo*.
2. Ángel es realmente un *amigo único / único amigo*.
3. Es un hombre excepcional. Es un *hombre grande / gran hombre*.
4. Es un *hombre grande / gran hombre*. Mide casi dos metros.
5. Ya soy un *hombre viejo / viejo hombre*.
6. Es mi *coche nuevo / nuevo coche*. Lo compré de segunda mano.
7. Es un *coche nuevo / nuevo coche*. Solo tiene 100 kilómetros.
8. ¡*Hombre pobre / Pobre hombre*! Nadie le hace caso.

18. Poner los adjetivos de forma correcta.

Ejemplo: Es un sistema (complicado / tributario) → *Es un complicado sistema tributario / Es un sistema tributario complicado.*

1. Tiene una suspensión (hidráulica / magnífica)
   → _____

2. Fue un mes (frío / invernal)
   → _____

3. Se viajará en aviones (grandes / supersónicos)
   → _____

4. Se hará publicidad con carteles (callejeros / enormes)
   → _____

5. Habrá ofertas (laborales / magníficas)
   → _____

6. Se utilizarán recursos (humanos / numerosos)
   → _____

7. Producirán modelos (automovilísticos / nuevos)
   → _____

8. Se establecerán relaciones (amigables / diplomáticas)
   → _____

19. Completar la frase según el modelo.

Ejemplo: Me dijiste que la película era mala, *pero era peor de lo que me dijiste.*

1. Habían dicho que la sala era pequeña → _____

2. Decían que la obra de teatro era aburrida → _____

3. Dijo que había mucha cola → _____

4. Dicen que hay mucho texto → _____

5. Se dice que es un buen actor → _____

6. Dicen que tiene una mala dicción → _____

7. Nos dijeron que era difícil conseguir entradas → _____

8. Decían que las entradas eran caras → _____

REPASO

20. Sustituir los nombres por adjetivos.

Pista 2

Siempre llega tarde, es (impuntualidad) ***impuntual*** no por nada especial, sino para darse importancia. Sin embargo es (exigencia) _____ con la puntualidad de los otros. No sabe hacer nada, es un verdadero (incompetencia) _____, y todo lo que hace no tiene lógica. Es decir, además es (incoherencia) _____. Tampoco se puede decir que sea (simpatía) _____, (educación) _____ o (generosidad) _____, más bien todo lo contrario. Si a todo esto añadimos que no se fía de nadie, porque es (desconfianza) _____ por naturaleza, y que siempre está alabándose, porque más (pedantería) _____ imposible, tenemos el retrato robot de tu novio. Ya sabemos que el amor es (irracionalidad) _____ pero lo tuyo es muy fuerte, chica.

Capítulo 2
LOS ARTÍCULOS

21. Transformar según el modelo.

Ejemplo: Actuar rápidamente es mejor. → *Lo mejor es actuar rápidamente.*

1. Quedarse con los brazos cruzados es peor.
   → _____
2. No hacer nada es fácil.
   → _____
3. Comprometerse es difícil.
   → _____
4. Verlo en acción será interesante.
   → _____
5. Su modo de actuar fue extraño.
   → _____
6. Establecer contacto sería complicado.
   → _____
7. El control de sí mismo era increíble.
   → _____
8. Su contribución es importante.
   → _____

22. Contestar a la pregunta según el modelo.

Ejemplo: ¿Qué pasó ayer? / Increíble → *Lo de ayer fue increíble.*

1. ¿Qué pasó la semana pasada? / Alucinante
   → _____
2. ¿Qué le pasó a Javier? / Para alucinar
   → _____

3. ¿Qué pasó con el viaje? / Una odisea
   → _____

4. ¿Qué pasó con la maleta? / Un número
   → _____

5. ¿Qué pasó anoche? / Para no creer
   → _____

6. ¿Qué le pasó a Paula? / Incomprensible
   → _____

7. ¿Qué pasó con el dinero? / Un misterio
   → _____

8. ¿Qué pasó con la reserva? / Genial
   → _____

23. Tachar la respuesta incorrecta.

Ejemplo: Desconocemos la razón = *el por qué / el para qué.*

1. Desconocemos la manera = *el para qué / el cómo.*
2. Desconocemos el lugar = *el dónde / el cuándo.*
3. Desconocemos el momento = *el para qué / el cuándo.*
4. Desconocemos el objetivo = *el por qué / el para qué.*
5. Desconocemos la causa = *el cómo / el por qué.*
6. Desconocemos la fecha = *el dónde / el cuándo.*
7. Desconocemos la finalidad = *el para qué / el cómo.*
8. Desconocemos el sitio = *el cuándo / el dónde.*

24. Transformar según el modelo.

Ejemplo: Ganará el concursante con más puntuación.
   → ***El que más puntuación tenga, ganará.***

1. Será elegida la bailarina con mejores aptitudes.
   → _____

2. Serán seleccionados los actores con más registros.
   → _____

3. Serán descartadas las obras con peor audiencia.
   → _____

4. Será eliminado el teatro con menos aforo.
   → _____

5. Serán sorteadas las entradas con mejor visibilidad.
   → _____

6. Serán invitados los periódicos con mayor tirada.
→ _____

7. Será escogida la sala con mejor acústica.
→ _____

8. Será promocionado el participante con más talento.
→ _____

25. Transformar según el modelo.

Ejemplo: Para rapidez, el metro. → *Lo más rápido es el metro.*

1. Para comodidad, el taxi. → _____
2. Para seguridad, el avión. → _____
3. Para ruido, una playa en verano. → _____
4. Para tranquilidad, la alta montaña. → _____
5. Para sociabilidad, el juego infantil. → _____
6. Para competitividad, el deporte. → _____
7. Para calor, la lana de cachemir. → _____
8. Para frescura, el lino. → _____

26. Formular la pregunta según el modelo.

Ejemplo: Todo fue muy rápido. → *¿Has visto lo rápido que fue todo?*

1. La intervención fue muy calculada.
→ _____

2. La respuesta fue muy acertada.
→ _____

3. Los criterios de selección fueron muy estudiados.
→ _____

4. El artículo de prensa fue muy oportuno.
→ _____

5. Las decisiones fueron muy aleatorias.
→ _____

6. Los debates fueron muy largos.
→ _____

7. Las opiniones fueron muy diversas.
→ _____

8. Los miembros del jurado fueron muy diplomáticos.
→ _____

27. Transformar según el modelo.

Ejemplo: Ha heredado el mal carácter de su madre. → *¡Tiene un carácter!*

1. Ha heredado los ojos de su padre. → _____
2. Ha heredado el tipo de su madre. → _____
3. Ha heredado las orejas de su familia paterna. → _____
4. Ha heredado la labia de su familia materna. → _____
5. Ha heredado la facilidad de palabra de toda la familia. → _____
6. Ha heredado los modales familiares. → _____
7. Ha heredado la genética familiar. → _____
8. Ha heredado también las deudas. → _____

28. Completar según el modelo.

Ejemplo: Su mayor defecto es la impertinencia. → *Es un impertinente.*

1. Su mayor virtud es el optimismo. → _____
2. Su mayor defecto es la intransigencia. → _____
3. Su mayor virtud es el entusiasmo. → _____
4. Su mayor defecto es la impuntualidad. → _____
5. Su mayor virtud es la amistad. → _____
6. Su mayor defecto es la impaciencia. → _____
7. Su mayor defecto es el atrevimiento. → _____
8. Su mayor defecto es la ignorancia. → _____

29. Hacer frases según el modelo.

Ejemplo: Hoy hay luna llena / espectacular → *Hoy hay una luna llena espectacular.*

1. Hoy hace sol / radiante → _____
2. Hoy hace calor / agobiante → _____
3. Hoy hace frío / glacial → _____
4. Hoy es lunes / festivo → _____
5. Hoy hay contaminación / fuerte → _____
6. Hoy hay tráfico / impresionante → _____
7. Hoy hay niebla / densa → _____
8. Hoy es día laboral / normal → _____

30. Contestar a la pregunta.

> Ejemplo: ¿Tienes agua con gas? / estupenda
> → *Sí, tengo un agua con gas estupenda.*

1. ¿Tienes cerveza? / muy buena
   →
2. ¿Tienes vino? / muy malo
   →
3. ¿Tienes té? / poco amargo
   →
4. ¿Tienes café? / muy suave
   →
5. ¿Tienes zumo de pomelo? / natural
   →
6. ¿Tienes gazpacho? / casero
   →
7. ¿Tienes sopa? / de bote
   →
8. ¿Tienes gaseosa? / con poco gas
   →

31. Formular la pregunta.

> Ejemplo: Tenemos un examen muy importante hoy.
> → *¿Tenéis exámenes importantes hoy?*

1. Tenemos una clase muy temprano hoy.
   →
2. Tenemos un par de cosas que hacer hoy.
   →
3. Tenemos un montón de preguntas.
   →
4. Tenemos una cena esta semana.
   →
5. Tenemos un único espectáculo este mes.
   →
6. Tenemos un tema que tratar.
   →
7. Tenemos una decisión que tomar.
   →
8. Tenemos un encargo que hacerte.
   →

32. Completar con el artículo indefinido cuando corresponda.

Ejemplo: *Las Señoritas de Aviñón* es **un** Picasso.

1. Vimos a _____ Benicio del Toro promocionando su última película.
2. Vimos a _____ Javier Bardem impresionante en su última película.
3. Nos cruzamos con _____ tal Almodóvar.
4. Nos encontramos con _____ inmenso Buñuel.
5. Toda la sala aplaudió a _____ Jennifer López.
6. Pudimos ver a _____ espectacular Cameron Díaz.
7. El público saludó en pie a _____ Alejandro Amenábar.
8. Asistimos al estreno de la última película de _____ Guillermo del Toro.

33. Relacionar el adjetivo con el sustantivo.

1. Es egoísta.   a. Es un burro.
2. Es torpe   b. Es un donjuán.
3. Es astuto.   c. Es un Adonis.
4. Es seductor.   d. Es un dandi.
5. Es idealista.   e. Es un buitre.
6. Es muy guapo.   f. Es un águila.
7. Es muy rápido.   g. Es un quijote.
8. Es exquisito.   h. Es un lince.

34. Completar con un artículo indefinido cuando sea posible.

Ejemplos: La asamblea tendrá ∅ lugar el martes.
El paro juvenil tendrá **un** lugar importante.

1. Durante el viaje, haremos _____ noche en Sevilla.
2. Hoy hace _____ noche de perros.
3. Tiene _____ miedo atávico a las arañas.
4. Tiene _____ miedo a los ratones.
5. Hago _____ ejercicio todos los días.
6. Hago _____ ejercicio de matemáticas.
7. Tengo _____ hambre canina.
8. ¿No tienes _____ hambre?

35. Transformar según el modelo.

Ejemplo: Me dan ganas de decirle dos cosas.
→ *¡Me dan unas ganas de decirle dos cosas!*

1. Me dan sed los frutos secos. → _____
2. Me dan asco las moscas. → _____
3. Me dan miedo las serpientes. → _____
4. Me dan vértigo las alturas. → _____
5. Me dan mareos últimamente. → _____
6. Me da vergüenza pedir algo. → _____
7. Me da pena su situación. → _____
8. Me da no sé qué llamarle. → _____

36. Poner las frases en singular según el modelo.

Ejemplo: Siempre tiene excusas. → *Siempre tiene una excusa.*

1. Siempre crea problemas. → _____
2. Siempre hace tonterías. → _____
3. Siempre pone pegas. → _____
4. Siempre tiene detalles conmigo. → _____
5. Siempre hace reservas. → _____
6. Siempre recibe invitaciones. → _____
7. Siempre dice mentiras. → _____
8. Siempre tiene buenos precios. → _____

37. Tachar la respuesta incorrecta.

Ejemplo: *El / Un* motor no existía hace 200 años.

1. *El / Un* otro día vi a Mercedes en la calle.
2. Roberto es *el / un* caso perdido.
3. No me esperaba eso de *la / una* persona como él.
4. Me pregunto *el / un* por qué de todo esto.
5. Prefiero recordar *lo / uno* bueno solamente.
6. *Lo / Uno* de esa amiga tuya es increíble.
7. Tiene *la / una* elegancia innata.
8. Hoy tengo *el / un* día imposible.

38. Poner el artículo correspondiente.

Ejemplo: Ana es *la* discreción personificada.

1. _____ de las declaraciones del ministro fue alucinante.
2. No es propio de _____ persona de su rango institucional.
3. Es _____ falta de tacto innecesaria.
4. _____ increíble es que no haya dimitido.
5. _____ otra vez no había sido tan grave.
6. Es _____ verdadero responsable del conflicto diplomático.
7. Es _____ incapaz de la peor especie.
8. ¡Tenemos _____ miedo a llamar las cosas por su nombre!

REPASO

39. Poner un artículo cuando sea necesario.

Pista 3

La conducción resulta casi siempre peligrosa cuando va acompañada de _____ velocidad y, por supuesto, de _____ alcohol. _____ velocidad y _____ alcohol es _____ binomio culpable de multitud de accidentes. Se han organizado _____ importantes campañas de publicidad con _____ objetivo: concienciar a _____ gente de que _____ mejor es llegar y no llegar antes. Pero _____ más efectivo ha sido quizá _____ aumento de _____ controles de alcoholemia y _____ instalación de radares. _____ otro factor decisivo podría haber sido _____ puesta en marcha del carnet por puntos con _____ posible retirada de _____ mismos en caso de infracción. _____ por qué del descenso de accidentes habría que buscarlo pues en esta combinación de _____ educación y _____ represión. Aunque _____ de las estadísticas nunca es fiable al cien por cien, no hay _____ duda alguna de que en este caso dicen la verdad.

¡DALE A LA GRAMÁTICA! B2

Capítulo 3

LOS PRONOMBRES

40. Sustituir por el pronombre "lo".

Ejemplo: Todos los hermanos fueron abogados. → *Todos los hermanos lo fueron.*

1. No parece buena persona. → _____
2. Es una persona complicada. → _____
3. No es una mujer solidaria. → _____
4. Nunca está contenta. → _____
5. Fue una semana muy difícil. → _____
6. Es un gran amigo de infancia. → _____
7. Eran reacciones infantiles. → _____
8. Fueron exámenes muy fáciles. → _____

41. Contestar a la pregunta según el modelo.

Ejemplo: ¿Estás enfadado? → *Sí, lo estoy.*

1. ¿Estáis molestos por algo? → _____
2. ¿Es una persona tímida? → _____
3. ¿Sois claustrofóbicos? → _____
4. ¿Estás cansado? → _____
5. ¿Eres consciente del peligro? → _____
6. ¿Está enterado de todo? → _____
7. ¿Son niñas espabiladas? → _____
8. ¿Están despiertas? → _____

42. Transformar según el modelo.

Ejemplo: Es mejor llegar temprano. → *Lo mejor es llegar temprano.*

1. Es difícil mantenerse.
   → _____

2. Es complicado ponerse de acuerdo.
   → _____

3. Es rentable invertir en pintura.
   → _____

4. Es cómodo decir siempre que sí.
   → _____

5. Fue divertido subir en funicular.
   → _____

6. Era agradable darse un chapuzón en el mar
   → _____

7. Es raro que no haya llamado.
   → _____

8. Es extraño que no dé señales de vida.
   → _____

43. Transformar según el modelo.

Ejemplo: Lo que me pasó a mí fue para partirse de risa.
   → *Lo mío fue para partirse de risa.*

1. Lo de ellos fue de fábula.
   → _____

2. Lo que le pasó a usted fue divertidísimo.
   → _____

3. Lo que te pasó a ti fue increíble.
   → _____

4. Lo que me pasó a mí fue para no creérselo.
   → _____

5. Lo que nos pasó a nosotros fue de novela.
   → _____

6. Lo que os pasó a vosotros fue para contarlo.
   → _____

7. Lo que le pasó a él fue de cine.
   → _____

8. Lo que les pasó a ustedes fue de película.
   → _____

44. Contestar a la pregunta.

Ejemplo: ¿Qué le pasa a Pedro? / vicio → *Lo de Pedro es vicio.*

1. ¿Qué le pasa a Ana? / pereza
   →
2. ¿Qué les pasa a tus compañeros? / mala suerte
   →
3. ¿Qué le pasa a vuestra amiga? / largo de contar
   →
4. ¿Qué tiene el coche? / la dirección
   →
5. ¿Qué tienen las bicicletas? / fácil de arreglar
   →
6. ¿Qué le pasa a su perro? / de película
   →
7. ¿Qué le pasa a la planta? / falta de agua
   →
8. ¿Qué le pasa a tu compañero? / falta de confianza
   →

45. Transformar según el modelo.

Ejemplo: Lo que sucedió es vergonzoso. → *Lo sucedido es vergonzoso.*

1. Lo que ocurrió es de juzgado de guardia.
   →
2. Lo que se imprimió no tiene ni pies ni cabeza.
   →
3. Lo que se firmó no tiene ningún sentido.
   →
4. Lo que se publicó es una idiotez.
   →
5. Lo que se dijo no sirvió de nada.
   →
6. Lo que se prometió no se cumplió.
   →
7. Lo que se hizo no tiene vuelta atrás.
   →
8. Lo que se descubrió no se publicó.
   →

46. Sustituir el complemento directo por un pronombre utilizando "le" cuando corresponda.

    Ejemplo: No vemos mucho a Alberto últimamente.
           → *No le vemos mucho últimamente.*

1. Casi no utilizamos el coche.
→ _____
2. Ya hemos avisado a Rosa.
→ _____
3. Normalmente invitamos a David los domingos.
→ _____
4. Acabo de ver a Antonio en la calle.
→ _____
5. Voy a llamar a mi hermano ahora mismo.
→ _____
6. ¿Tienes tú el móvil?
→ _____
7. Por fin, Ana ha conseguido la beca.
→ _____
8. Estáis molestando a ese señor.
→ _____

47. Transformar según el modelo.

    Ejemplo: Compré las semillas ayer. → *Las semillas las compré ayer.*

1. Aún no han podado los árboles.
→ _____
2. Ya cortaron el seto.
→ _____
3. Hemos plantado algunas hortensias en el jardín.
→ _____
4. Han sacado la buganvilla de la pared.
→ _____
5. Hemos arrancado las malas hierbas.
→ _____
6. Hemos cortado uno de los cerezos.
→ _____
7. Los pájaros se comieron todas las cerezas.
→ _____
8. Esta mañana he cogido algunas rosas.
→ _____

48. Tachar el pronombre incorrecto. A veces los dos son correctos.

Ejemplos: A Pedro, **le / lo** ignoraron.
A Camilo, no **le /** ~~lo~~ dirigieron la palabra.

1. A Pablo, no *le / lo* hicieron ni caso.
2. A Ricardo, ni *le / lo* llamaron.
3. A Tomás, no *le / lo* tuvieron en cuenta.
4. A Raúl, *le / lo* mandaron a paseo.
5. A Carlos, ni *le / lo* dieron las gracias.
6. A Martín, *le / lo* pusieron verde.
7. A Antón, *le / lo* dejaron tirado.
8. A Alex, *le / lo* hicieron la vida imposible.

49. Sustituir el nombre por un pronombre.

Ejemplo: Ponerse a ver una película. → *Ponérsela a ver. / Ponerse a verla.*

1. Ponerse a escribir un libro.
   →
2. Ponerse a recitar una poesía.
   →
3. Ponerse a traducir novelas.
   →
4. Ponerse a coleccionar sellos.
   →
5. Ponerse a observar la vida animal.
   →
6. Ponerse a tomar el sol.
   →
7. Ponerse a hacer crucigramas.
   →
8. Ponerse a mandar invitaciones.
   →

50. Conjugar en 3ª persona de singular el infinitivo del ejercicio anterior según el modelo.

Ejemplo: *Se ha puesto a verla.*

1. _____
2. _____
3. _____
4. _____
5. _____
6. _____
7. _____
8. _____

51. Sustituir el nombre por un pronombre y transformar según el modelo.

Ejemplo: A sus amigos siempre les deja hacer críticas. → *A sus amigos siempre les deja hacerlas. / A sus amigos siempre se las deja hacer.*

1. A mí nunca me dejan hacer un comentario.
   → _____
2. A ti casi nunca te dejan abrir la boca.
   → _____
3. A él casi siempre le dejan decir la última palabra.
   → _____
4. A ellos a veces les dejan decir tonterías.
   → _____
5. A nosotros no nos dejan cambiar los horarios.
   → _____
6. A ustedes les dejan dar su opinión de vez en cuando.
   → _____
7. A usted no siempre le dejan poner su firma.
   → _____
8. A mí sí me dejan llevar la contraria.
   → _____

52. Contestar a la pregunta.

Ejemplo: ¿Te ha dejado repetir el examen?
→ *Sí me lo ha dejado repetir. / Sí me ha dejado repetirlo.*

1. ¿Os ha permitido ver las notas?
→ _____

2. ¿Le ha dejado a Pedro usar el móvil?
→ _____

3. ¿Les ha dejado a ellos hacer una llamada?
→ _____

4. ¿Le ha permitido a usted cambiar los dólares?
→ _____

5. ¿Les ha permitido a ustedes utilizar las libras esterlinas?
→ _____

6. ¿Te ha dejado cobrar el cheque?
→ _____

7. ¿Les ha dejado a sus hijos vender las acciones?
→ _____

8. ¿Le ha permitido a su socio comprar su parte?
→ _____

53. Formar frases según el modelo poniendo el pronombre "le" si es necesario.

Ejemplos: La empresa importar / tecnología punta.
→ *La empresa importa tecnología punta.*
La empresa importar / el medio ambiente.
→ *A la empresa le importa el medio ambiente.*

1. Juan tocar / el piano → _____

2. Juan nunca tocar / la lotería → _____

3. Juan tocar / jugar → _____

4. Juan traer / sin cuidado. → _____

5. Juan traer / los refrescos → _____

6. Juan llevar / el coche → _____

7. Juan llevar / poco tiempo venir andando → _____

8. Juan venir / muy bien ese dinero → _____

54. Tachar la respuesta incorrecta.

Ejemplos: Para ~~yo~~ / *mí* eso no está bien.

1. Según *tú / ti* eso está bien.
2. Vino hasta *yo / mí* corriendo.
3. Por *yo / mí*, haz lo que quieras.
4. Hizo comentarios sobre *tú / ti*.
5. Entre *tú / ti* y *yo / mí*, podemos hacerlo.
6. La decisión depende de *tú / ti*.
7. Sin *yo / mí* no hay acuerdo.
8. De *yo / mí* no tienes que decir nada.

55. Sustituir por un pronombre cuando sea posible.

Ejemplos: Se compró una casa. → ***Se la compró.***
Se cerró la puerta. → ***Se cerró la puerta.***

1. Se hizo un regalo. → _____
2. Se hizo un silencio. → _____
3. Se nubló el sol. → _____
4. Se puso un vaquero. → _____
5. Se produjo un accidente. → _____
6. Se cortó el tráfico. → _____
7. Se aprendió la canción. → _____
8. Se pusieron metas. → _____

56. Conjugar el verbo entre paréntesis según el modelo. A veces, es necesario añadir un pronombre de objeto indirecto.

Ejemplos: El motor funcionó al principio pero luego (estropear) ***se estropeó.***
Cuando veo un buen jamón, (abrir) ***se me abre*** el apetito.

1. Me voy a la cama porque (cerrar) _____ los ojos.
2. (Estar) _____ mal en la playa porque hace mucho viento.
3. No quiere verlo porque (hacer) _____ difícil.
4. Voy a comprar un fortalecedor para el pelo porque (caer) _____
5. Empieza a hacer frío cuando (poner) _____ el sol.

6. Suelo conducir yo porque (dar) _____ bien.
7. Llevamos un susto cuando el coche (salir) _____ de la carretera.
8. Le dio mucha rabia porque (correr) _____ el rímel.

57. Transformar según el modelo.

Ejemplo: He roto las gafas. → *Se me han roto las gafas.*

1. He perdido el carnet. → _____
2. Hemos olvidado la cita. → _____
3. He mojado las páginas del libro. → _____
4. Hemos estropeado la cerradura. → _____
5. He quemado la camisa al plancharla. → _____
6. Hemos acabado el tiempo. → _____
7. He manchado el pantalón. → _____
8. Hemos arrugado los trajes. → _____

58. Transformar según el modelo.

Ejemplo: No nos deja nunca que usemos su crema de afeitar.
→ *No nos deja usarla nunca. / Nunca nos la deja usar.*

1. Nunca les consiente que se desmoralicen.
   → _____
2. Siempre nos dejan que tomemos nuestras propias decisiones.
   → _____
3. A veces no me dejan que me tome un descanso.
   → _____
4. Casi nunca nos permiten que nos relajemos.
   → _____
5. Casi siempre me deja que lea sus mails.
   → _____
6. No me deja que corrija las faltas.
   → _____
7. No le permite que diga palabras malsonantes.
   → _____
8. No nos consiente que hagamos faltas de ortografía.
   → _____

REPASO

59. Poner el pronombre correspondiente.

Pista 4

Primero se olvidó las llaves dentro de casa, luego _____ dió cuenta de que el móvil, el dinero y la tarjeta de crédito también se habían quedado dentro. _____ había dejado prácticamente todo salvo las llaves del coche. Pero de poco _____ sirvió porque no tardó ni cinco minutos en comprobar que también _____ había quedado sin coche, porque _____ habían robado. Pero _____ ocurrido no pareció afectar _____ lo más mínimo. Prefirió tomar _____ con humor y decidió poner _____ al mal tiempo buena cara y pasar _____ lo mejor posible. Al fin y al cabo era fin de semana y detalles como esos no _____ iban a quitar las ganas de divertir _____ Ya se las arreglaría, y si no ¿para qué estaban las casas y las tarjetas de crédito de los amigos?

Capítulo 4

LOS RELATIVOS

60. Transformar según el modelo.

Ejemplo: Aunque tiene siempre frío, salió en mangas de camisa.
→ *Él, que tiene siempre frío, salió en mangas de camisa.*

1. Aunque no quería, lo hice.
   → _____
2. Aunque no estaban de acuerdo, aceptaron el resultado.
   → _____
3. Aunque estabas presente, no te enteraste de nada.
   → _____
4. Aunque no vio nada, dio su opinión sobre todo.
   → _____
5. Aunque no como mucho, engordo.
   → _____
6. Aunque no llaman nunca a nadie, se quejan de que no los llaman.
   → _____
7. Aunque no haces nada en todo el día, siempre estás cansado.
   → _____
8. Aunque no estudiaba mucho, aprobaba siempre.
   → _____

61. Unir las frases con un relativo.

Ejemplo: Aquí tienes los libros. Te hablé de ellos la semana pasada.
→ *Aquí tienes los libros de los que te hablé la semana pasada.*

1. Estas son las respuestas. Me siento bastante satisfecho de ellas.
   → _____
2. Ese es el tipo de comentario. No estoy muy orgulloso de él.
   → _____
3. Es una persona honesta. Nunca desconfié de ella.
   → _____
4. Son hombres sabios. Siempre aprendes algo de ellos.
   → _____
5. Esos son comentarios negativos. No hay que hacer caso de ellos.
   → _____
6. Esas son críticas positivas. Siempre se saca algo de ellas.
   → _____
7. Esa es una decisión de última hora. No hay que esperar nada bueno de ella.
   → _____
8. Ese es un acto privado. No tenemos constancia de él.
   → _____

62. Transformar según el modelo.

Ejemplo: Si a alguno le interesa, hay ordenadores disponibles.
→ *Hay ordenadores disponibles para el que le interese.*

1. Si alguna tiene frío, hay mantas en el armario.
   → _____
2. Si a alguno no le gustan los refrescos, hay agua mineral.
   → _____
3. Si algunos se aburren, hay juegos de sociedad.
   → _____
4. Si algunas se cansan, hay otras alternativas.
   → _____
5. Si a alguno le viene mal, hay otras fechas disponibles.
   → _____
6. Si algunos no saben cómo llegar, hay itinerarios impresos.
   → _____

7. Si algunas no respetan las reglas, hay sanciones.
→

8. Si alguna no conoce las reglas, hay manuales.
→

63. Contestar a la pregunta.

Ejemplo: ¿Lo diseñó Norman Foster? / Renzo Piano
→ *No, el que lo diseñó fue Renzo Piano.*

1. ¿La interpretó Carmen Maura? / Victoria Abril
→

2. ¿Lo reclamaron los políticos? / las sufragistas
→

3. ¿Lo pintó Picasso? / Cézanne
→

4. ¿La rodaron los hermanos Taviani? / los hermanos Cohen
→

5. ¿La dirigió Francis Ford Coppola? / Sofía Coppola
→

6. ¿La compusieron Los Beatles? / Los Rollings Stones
→

7. ¿La escribió Vargas Llosa? / Gabriel García Márquez
→

8. ¿La cantaron Oasis? / Las Spice Girls
→

64. Sustituir el relativo por "quien" en el ejercicio anterior.

Ejemplo: No, el que lo diseñó fue Renzo Piano.
→ *No, quien lo diseñó fue Renzo Piano.*

1.
2.
3.
4.
5.
6.
7.
8.

65. Completar con el relativo correspondiente.

Ejemplos: El chico *que* te presenté ayer está aquí.
El chico *del que* te hablé ayer está aquí.

1. La compañera _____ no me fio está ahí.
2. La compañera _____ no se fía de mí está ahí.
3. El documento _____ olvidó era confidencial.
4. El documento _____ se olvidó era confidencial.
5. Las personas _____ me despedí eran conocidos.
6. Las personas _____ despidieron iban a jubilarse.
7. Los momentos _____ recuerdo son inolvidables.
8. Los momentos _____ me acuerdo son inolvidables.

66. Completar con el relativo correspondiente. A veces es necesario añadir un artículo

Ejemplo: Alberto, *que* nunca se preocupó de nada, vive hoy un mal momento.

1. El sentido común, _____ carece completamente, le hubiera ayudado.
2. Su vida, _____ se queja sin parar, se la ha ganado a pulso.
3. Las decisiones, _____ en su momento no tomó, habrían sido decisivas.
4. Los errores, _____ se olvida a menudo, son también suyos.
5. La sociedad, _____ según él es responsable de todo, no tiene toda la culpa.
6. Su familia, _____ depende totalmente, no se lo merece.
7. Su situación, _____ no puede ni sabe salir, es angustiante.
8. El tiempo, _____ pasa muy rápido, pasa siempre factura.

67. Completar con "como", "cuando" o "donde".

Ejemplo: Esa es la universidad *donde* estudio.

1. Trabajo en ese edificio, _____ está el banco.
2. Nos enteramos _____ salíamos de casa.
3. Seguí las instrucciones _____ me explicaste.
4. Ese es el restaurante _____ celebramos el cumpleaños.
5. Nos marchamos _____ se hizo de noche.
6. Hicimos _____ nos dijiste.
7. Ahí es _____ vamos.
8. Reaccioné _____ me faltó al respeto.

¡DALE A LA GRAMÁTICA! B2

68. Transformar según el modelo con "como", "cuando" o "donde".

Ejemplo: Estaremos listos a la hora que tú digas.
→ *Estaremos listos cuando tú digas.*

1. Lo haremos de la manera que tú digas.
   → _____
2. Quedaremos el día que tú quieras.
   → _____
3. Nos veremos en el lugar que tú elijas.
   → _____
4. Nos alojaremos en el hotel que tú prefieras.
   → _____
5. Sucedió todo en la fecha que tenía que suceder.
   → _____
6. Dijo todo de la forma que había que decirlo.
   → _____
7. Hizo todo en el momento que había que hacerlo.
   → _____
8. Puso todo en el sitio en que había que ponerlo.
   → _____

69. Completar con *cuyo, cuya, cuyos* o *cuyas*.

Ejemplo: Habrá entradas gratis para los estudiantes **cuyas** notas superen la media.

1. Las obras de teatro _____ duración sea superior a tres horas deberían tener un descanso.
2. Los espectadores _____ entradas tengan el número uno, pueden pasar.
3. Prefiero las salas _____ aforo sea de menos de 500 personas.
4. Es un filósofo _____ textos aún no han sido traducidos al español.
5. Se trata de una editorial _____ autores son en su mayoría americanos.
6. Contrataron a un actor _____ interpretaciones de Shakespeare son legendarias.
7. Hay una actriz en la obra _____ dicción no está a la altura.
8. La obra pone en escena a unos personajes _____ mundo ha desaparecido.

70. Transformar según el modelo.

Ejemplo: Prefiero los vinos con graduación inferior a 13 grados.
→ *Prefiero lo vinos cuya graduación sea inferior a 13 grados.*

1. Prefiero los hoteles con mobiliario moderno.
→ _____

2. Prefiero los restaurantes con comida casera.
→ _____

3. Prefiero las ciudades con ofertas culturales atractivas.
→ _____

4. Prefiero a la gente con sentido del humor provocador.
→ _____

5. Prefiero los coches con maletero grande.
→ _____

6. Prefiero los zapatos con suela de goma.
→ _____

7. Prefiero los países con medios de transporte públicos.
→ _____

8. Prefiero a las personas con personalidades diferentes a la mía.
→ _____

REPASO

71. Completar con un relativo.
Pista 5

En la rueda de prensa *que* siguió al estreno y _____ sirvió para dar a conocer a algunos actores, hubo algún que otro momento de tensión. El actor a _____ le preguntaron por su vida personal dijo que su vida privada – _____ no iba a hablar en público– era eso, privada. Los periodistas a _____ iba dirigida la respuesta, no se dieron por aludidos y volvieron a la carga. El actor _____ paciencia estaba llegando al límite, les contestó de manera seca y algo desagradable.

Capítulo 5

LOS INTERROGATIVOS Y EXCLAMATIVOS

72. Hacer preguntas según el modelo.

Ejemplo: Hoy, había un montón de periodistas en la tienda de todo a cien.
→ *¿Que había un montón de periodista (en) dónde?*

1. He visto a Lady Gaga.
   → _____

2. La he visto en una tienda de todo a cien.
   → _____

3. Llevaba puesto un traje de carne.
   → _____

4. Estaba presentando su nueva colonia.
   → _____

5. En medio de la entrevista fue a los servicios.
   → _____

6. Dijo que le gustaba Mariano Rajoy.
   → _____

7. También dijo que se iba a instalar en Ávila.
   → _____

8. Comentó que iba a tomar los hábitos.
   → _____

73. Transformar según el modelo.

Ejemplo: ¿Hay alguien que dé más? → *¿Quién da más?*

1. ¿Hay alguien que no sepa hacerlo?
   → _____

2. ¿Hay alguien que no lo tenga claro?
→ _____

3. ¿Hay alguien que vaya por libre?
→ _____

4. ¿Hay alguien que se encargue del papeleo?
→ _____

5. ¿Hay alguien que salga ganando con esto?
→ _____

6. ¿Hay alguien que saque algo en limpio de todo esto?
→ _____

7. ¿Hay alguien que diga algo más interesante?
→ _____

8. ¿Hay alguien que ponga más interés?
→ _____

74. Contestar con una pregunta repetitiva.

Ejemplo: ¿Dónde lo has puesto? → *¿Dónde he puesto qué?*

1. ¿Cuándo os vais? → _____
2. ¿Cómo lo haces? → _____
3. ¿Dónde hay que darle? → _____
4. ¿Cuándo tenemos que avisarle? → _____
5. ¿Dónde quedaste? → _____
6. ¿Cómo vamos a ir? → _____
7. ¿Cuándo hay que devolverlo? → _____
8. ¿Dónde piensas ir? → _____

75. Completar con "dónde" o "adónde".

Ejemplos: *¿Adónde* vamos a comer?
¿Dónde comemos?

1. ¿_____ quedamos?
2. ¿_____ viajas?
3. ¿_____ se dirige?
4. ¿_____ estamos?
5. ¿_____ llegamos?
6. ¿_____ nos conducen?
7. ¿_____ vives?
8. ¿_____ nos vemos?

76. Sustituir según el modelo.

Ejemplo: ¡Qué de gente hay hoy aquí! → *¡Cuánta gente hay hoy aquí!*

1. ¡Qué de bocazas hay! → _____
2. ¡Qué de estupideces se dicen! → _____
3. ¡Qué de tiempo perdido! → _____
4. ¡Qué de energía malgastada! → _____
5. ¡Qué de frases vacías! → _____
6. ¡Qué de pretensión! → _____
7. ¡Qué de pesados! → _____
8. ¡Qué de ruido para nada! → _____

77. Transformar según el modelo.

Ejemplo: Hablan mucho. → *¡Cuánto hablan!*

1. Tienen muchas ideas. → _____
2. Hacen mucho por los excluidos. → _____
3. Ponen mucho de su parte. → _____
4. Hay muchos alojamientos para los sin techo. → _____
5. Dedican mucha energía a la acción social. → _____
6. Hacen muchas propuestas para mejorar los servicios. → _____
7. Se preocupan mucho por la infancia. → _____
8. Cuidan mucho a los enfermos. → _____

78. Transformar según el modelo.

Ejemplos: Hacen mucho deporte → *¡Cuánto deporte hacen!*
Hacen poco deporte → *¡Qué poco deporte hacen!*

1. Dicen muchas cosas interesantes. → _____
2. Confían poco en ellos mismos. → _____
3. Piensan mucho en los demás. → _____
4. Tienen pocas dudas. → _____
5. Progresan mucho. → _____
6. Discuten muy poco. → _____
7. Generan mucha inestabilidad. → _____
8. Emiten pocos comunicados de prensa. → _____

79. Transformar según el modelo.

Ejemplos: ¡Qué de colonias! → *¡Cuántas colonias!*
¡Qué bien huele! → *¡Cómo huele!*

1. ¡Qué de canciones! → _____
2. ¡Qué bien canta! → _____
3. ¡Qué de libros! → _____
4. ¿Qué bien escribe! → _____
5. ¡Qué de cuadros! → _____
6. ¡Qué bien pinta! → _____
7. ¡Qué de dibujos! → _____
8. ¡Qué bien dibuja! → _____

80. Unir las frases según el modelo.

Ejemplo: Ya estás aquí. / ¡Qué bien! → *¡Qué bien que ya estés aquí!*

1. Se ocupa de todo. / ¡Qué bien! → _____
2. No se olvida de nada. / ¡Qué bien! → _____
3. Tiene de todo. / ¡Qué bien! → _____
4. No carece de nada. / ¡Qué bien! → _____
5. Hace de todo. / ¡Qué bien! → _____
6. No se queja de nada. / ¡Qué bien! → _____
7. Sabe todo de memoria. / ¡Qué bien! → _____
8. Nunca dice nada desagradable. / ¡Qué bien! → _____

REPASO

81. Completar este diálogo con los elementos que faltan.

Pista 6

Rafa: Me ha tocado la lotería.
Ignacio: ¿Que te ha tocado **qué?**
Rafa: Y nada menos que 30 millones.
Ignacio: ¿_____ millones?
Rafa: Lo que has oído.
Ignacio: ¡_____ fuerte! Y ¿_____ te sientes siendo millonario?
Rafa: Pues creo que más relajado. Voy a organizar un viaje con todos los amigos para celebrarlo.
Ignacio: ¿_____ piensas ir?
Rafa: Es una sorpresa.
Ignacio: Fantástico y ¿_____ nos piensas llevar?
Rafa: Recibirás toda la información dentro de unos días.
Ignacio: ¡_____ de noticias! Y ¡_____ cambios para ti! Me alegro, Rafa.

Capítulo 6

LOS ADVERBIOS

82. Transformar en adverbios en -mente.

Ejemplo: Lo dejó de manera definitiva. → *Lo dejó definitivamente.*

1. Vino de inmediato. → _____
2. Apareció de improviso. → _____
3. Lo dijo de manera reiterativa. → _____
4. Sucedió de manera instantánea. → _____
5. Murió de repente. → _____
6. Llama de continuo. → _____
7. Tomó la decisión de manera decisiva. → _____
8. Se hizo de manera simultánea. → _____

83. Relacionar el cuantificador "poco" con los adverbios de tiempo posibles.

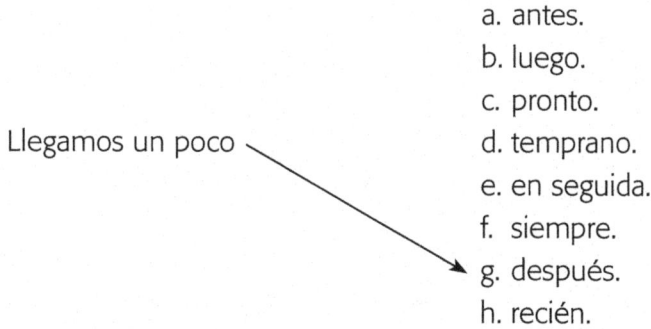

a. antes.
b. luego.
c. pronto.
d. temprano.
e. en seguida.
f. siempre.
g. después.
h. recién.

84. Relacionar el cuantificador "muy" con los adverbios de tiempo posibles.

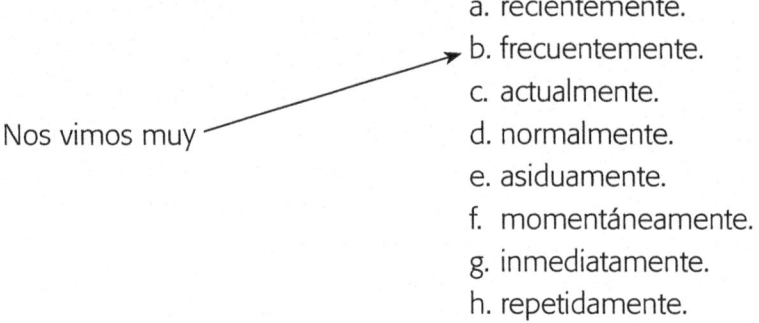

a. recientemente.
b. frecuentemente.
c. actualmente.
d. normalmente.
e. asiduamente.
f. momentáneamente.
g. inmediatamente.
h. repetidamente.

85. Transformar según el modelo.

Ejemplo: Actuó con mucha frialdad. → *Actuó muy fríamente.*

1. Lo hizo con gusto. → _____
2. Contestó con tranquilidad. → _____
3. Reaccionó con nerviosismo. → _____
4. Se defendió con valentía. → _____
5. Se expresó con dolor. → _____
6. Habló con claridad. → _____
7. Condujo con prudencia. → _____
8. Se comportó con educación. → _____

86. Colocar en posición preverbal los adverbios cuando sea posible.

Ejemplos: Estoy en contra. / totalmente → *Estoy totalmente en contra.*
Estamos bien. / afortunadamente → *Afortunadamente estamos bien.*

1. Es célebre. / tristemente) → _____
2. Estoy a favor. / personalmente → _____
3. Es conocido. / mundialmente → _____
4. Está mal. / desgraciadamente → _____
5. Es tarde. / lamentablemente → _____
6. Está bien. / perfectamente → _____
7. Es feliz. / inmensamente → _____
8. Es así. / forzosamente → _____

87. Transformar según el modelo.

Ejemplo: Es raro que salgan a estas horas. → *Raramente salen a estas horas.*

1. Es frecuente que hagan el ridículo. → _____
2. Es habitual que llamen la atención por la calle. → _____
3. Es normal que la gente se quede con la boca abierta. → _____
4. Es inevitable que no pasen desapercibidos. → _____
5. Es corriente que vayan de un lado a otro. → _____
6. Es lógico que sean polémicos. → _____
7. Es irremediable que haya reacciones. → _____
8. Es incomprensible que tengan éxito. → _____

88. Formar el adverbio cuando sea posible.

Ejemplos: Es evitable. → ∅
Es probable. → *probablemente*

1. Es confesable. → _____
2. Es posible. → _____
3. Es horrible. → _____
4. Es habitable. → _____
5. Es demostrable. → _____
6. Es agradable. → _____
7. Es admirable. → _____
8. Es divisible. → _____

89. Contestar a la pregunta.

Ejemplo: ¿Es tarde? → *Es tardísimo.*

1. ¿Está lejos? → _____
2. ¿Está cerca? → _____
3. ¿Es pronto? → _____
4. ¿Es temprano? → _____
5. ¿Es poco? → _____
6. ¿Es mucho? → _____
7. ¿Está claro? → _____
8. ¿Está seguro? → _____

90. Sustituir según el modelo.

Ejemplo: Joaquín explica todo (muy claramente) **clarísimamente.**

1. Paula habla (muy rápidamente) _____
2. Alba estaba (muy cómodamente) _____ instalada
3. Trataron a todo el mundo (muy educadamente) _____
4. Las informaciones llegaban (muy lentamente) _____
5. Las salidas de emergencia se abrieron (muy fácilmente) _____
6. Saltaron las vallas (muy ágilmente) _____
7. Fuimos (muy amablemente) _____ atendidos
8. Me quedé (muy tranquilamente) _____ en casa todo el fin de semana.

91. Sustituir el sintagma preposicional por un adverbio en -*mente*.

Ejemplo: Al final se hizo una reunión. → *finalmente*

1. Entramos todos en la sala con dificultad. _____
2. Por desgracia no había aire acondicionado. _____
3. Había un ruido de continuo. _____
4. De repente hubo un silencio. _____
5. Por fin nos pusimos de acuerdo. _____
6. Por fortuna todo se solucionó. _____
7. Hubo que encontrar una solución por fuerza. _____
8. Salimos de la sala con más facilidad. _____

92. Tachar la opción incorrecta.

Ejemplo: **En resumen / En ~~absoluto~~**, no me interesa para nada.

1. *En realidad / En particular* siempre dice lo mismo.
2. *En persona / En definitiva*, perdimos el tiempo.
3. Vino a saludarnos *en concreto / en persona*.
4. *Por fortuna / Por fin* no llovió durante el partido de tenis.
5. Nos encontramos por *casualidad / en definitiva* por la calle.
6. No nos conocíamos *en absoluto / en verdad*.
7. No me fijé *en particular / en resumen* en ese detalle.
8. Cambió de carácter *de repente / en absoluto*.

93. Transformar la locución del ejercicio anterior por un adverbio en *-mente*.

Ejemplo: En resumen, no me interesa nada. → *resumidamente*

1. _____
2. _____
3. _____
4. _____
5. _____
6. _____
7. _____
8. _____

94. Relacionar.

1. Por supuesto   a. ocasionalmente
2. Por desgracia   b. prontamente
3. Por sistema   c. evidentemente
4. A menudo   d. lamentablemente
5. De vez en cuando   e. felizmente
6. Por poco tiempo   f. asiduamente
7. De repente   g. brevemente
8. Por fortuna   h. automáticamente

(3. Por sistema → h. automáticamente)

95. Completar con "además" o "menos".

Ejemplos: Es buen anfitrión y *además* tiene una casa fantástica.
Es todo *menos* tacaño.

1. _____ de buen cocinero tiene buen carácter.
2. _____ la sandía me gusta toda la fruta.
3. Todo es fresco y _____ barato.
4. _____ de bueno es abundante.
5. Todo es perfecto _____ la decoración.
6. _____ la mesa de la entrada las otras están bien colocadas.
7. Recibe a la clientela y _____ cocina.
8. Todo está incluido _____ el servicio.

96. Tachar la respuesta incorrecta.

Ejemplos: *A propósito / ~~Totalmente~~,* me gustaría hablar contigo.

1. *Precisamente / Absolutamente* de eso quería hablar yo.
2. Estoy *verdaderamente / totalmente* de acuerdo contigo.
3. Estoy *justamente / absolutamente* tranquilo en ese sentido.
4. Todo está *especialmente / ligeramente* ideado para que funcione.
5. Está *a propósito / ligeramente* nervioso en estos momentos.
6. *Justamente / absolutamente* creo que tiene que evolucionar.
7. Esto está *ligeramente / verdaderamente* delicioso.
8. Este cambio me viene *realmente / totalmente* mal.

97. Contestar a la pregunta según el modelo.

Ejemplos: ¿Qué género literario prefieres? / la novela
→ *Me gustan todos, pero sobre todo la novela.*

1. ¿Qué deportes prefiere usted? / el tenis
   → _____
2. ¿Qué tipo de cocina prefiere Jorge? / la peruana
   → _____
3. ¿Qué género de película preferís? / el policíaco
   → _____
4. ¿Qué tipo de tejido prefieren ustedes? / el algodón
   → _____
5. ¿Qué animal de compañía prefieres? / los gatos
   → _____
6. ¿Qué tipo de teatro prefieren tus compañeros? / el de vanguardia
   → _____
7. ¿Qué medio de transporte prefiere Andrés? / el tren
   → _____
8. ¿Qué red social prefieres? / Twitter
   → _____

98. Unir las frases según el modelo.

Ejemplo: Es antipático. Es maleducado.
→ *No solo es antipático, sino también maleducado.*

1. Es divertido. Es buena persona.
   →
2. Es desagradable. Es mala lengua.
   →
3. Es culta. Es interesante.
   →
4. Es guapa. Es elegante.
   →
5. Es celoso. Es envidioso.
   →
6. Es aburrida. Es pesada.
   →
7. Es tonto. Es atrevido.
   →
8. Es paleto. Es hortera.
   →

99. Formar frases según el modelo.

Ejemplo: dulce / salado → *No es dulce sino, al contrario, salado.*

1. generoso / tacaño
   →
2. prudente / atrevido
   →
3. orgulloso / modesto
   →
4. callado / hablador
   →
5. tonto / inteligente
   →
6. desinteresado / interesado
   →
7. mala persona / buena persona
   →
8. educado / maleducado
   →

REPASO

100. Sustituir las palabras subrayadas por adverbios en *-mente*.

Pista 7

Llegamos al aeropuerto con tiempo suficiente. Pudimos facturar con rapidez ***rápidamente*** porque apenas había gente. Paseamos con tranquilidad _____ por la tienda libre de impuestos y nos sentamos a esperar. El avión salió en punto _____ y a la llegada nos dirigimos al mostrador de alquiler de coches. Allí una chica nos atendió con eficacia _____. Conduje con mucha prudencia _____ porque era de noche y había un poco de niebla. Pudimos encontrar el hotel con mucha facilidad _____ porque no había tráfico. El recepcionista nos informó con mucha amabilidad _____ que nuestra mesa estaba reservada, así que fuimos de inmediato _____ a cenar sin pasar por la habitación. Hizo un tiempo estupendo y lo pasamos de maravilla _____.

Capítulo 7

EL IMPERFECTO DE SUBJUNTIVO

101. Relacionar (puede haber varias posibilidades).

1. Nosotros/as
2. Ellos/Ellas
3. Yo
4. Usted
5. Vosotros/as
6. Ustedes
7. Tú
8. Él/Ella

a. comprara/comprase.
b. hablaras/hablases.
c. llamara/llamase.
d. pensáramos/pensásemos.
e. probarais/probaseis.
f. soltaran/soltasen.

102. Relacionar (puede haber varias posibilidades).

1. Tú
2. Vosotros
3. Ustedes
4. Él/Ella
5. Yo
6. Nosotros
7. Usted
8. Ellos/Ellas

a. comiera/comiese.
b. volvieras/volvieses.
c. bebiera/bebieses.
d. permitiéramos/permitiésemos.
e. abrierais/abrieseis.
f. subieran/subiesen.

103. Transformar según el modelo.

Ejemplo: Ojalá ganara. → *Ojalá ganase.*

1. Ojalá cerraran. → _____
2. Ojalá recordaras. → _____
3. Ojalá acabáramos. → _____
4. Ojalá aguantarais. → _____
5. Ojalá bajara. → _____
6. Ojalá se acordaran. → _____
7. Ojalá nos bañáramos. → _____
8. Ojalá os equivocarais. → _____

104. Conjugar los verbos entre paréntesis.

Ejemplo: Tal vez (comprender/él) *comprendiera / comprendiese* mejor.

1. Quizá (encender/ellos) _____ la chimenea.
2. Quizás (correr/tú) _____ más rápido.
3. Tal vez (perder/nosotros) _____ ventaja.
4. Quizá no (entender/vosotros) _____ nada.
5. Quizás (escribir/yo) _____ más a menudo.
6. Tal vez (recibir/ustedes) _____ más proposiciones.
7. Quizá (subir/ella) _____ a pie.
8. Quizás (descubrir/usted) _____

105. Construir frases según el modelo.

Ejemplo: Esperar / dejar de nevar → *Esperaba que dejara de nevar.*

1. Esperar / ellos comprender la situación
   → _____
2. Esperar / vosotros reconciliarse
   → _____
3. Esperar / no llover de esta manera
   → _____
4. Esperar / nosotros pasarlo bien
   → _____
5. Esperar / no dolerme tanto
   → _____

6. Esperar / salir todo bien
   → _____

7. Esperar / tú recibir alguna ayuda
   → _____

8. Esperar / nosotros llegar a un acuerdo
   → _____

106. Poner las frases en pasado.

Ejemplo: Espero que no te enfades. → *Esperaba que no te enfadases.*

1. Espero que no lo tome mal.
   → _____

2. Espero que os tranquilicéis.
   → _____

3. Espero que nos calmemos un poco.
   → _____

4. Espero que se reúnan rápidamente.
   → _____

5. Espero que nos veamos pronto.
   → _____

6. Espero que te guste el regalo.
   → _____

7. Espero que te decidas pronto.
   → _____

8. Espero que no supriman ningún puesto.
   → _____

107. Contestar a la pregunta.

Ejemplo: ¿Qué le aconsejó? / No participar → *Le aconsejó que no participara.*

1. ¿Qué les aconsejó? / No confiarse
   → _____

2. ¿Qué te aconsejó? / No inscribirse
   → _____

3. ¿Qué os aconsejó? / No fiarse
   → _____

4. ¿Qué me aconsejó? / No cantar victoria
   → _____

5. ¿Qué nos aconsejó? / Coger un guía
→ _____

6. ¿Qué le aconsejó? / Volver a intentarlo
→ _____

7. ¿Qué te aconsejó? / Pensarlo dos veces
→ _____

8. ¿Qué os aconsejó? / Escoger bien
→ _____

108. Conjugar el verbo entre paréntesis.

Ejemplo: Si (empezar/tú) *empezaras* por el principio, nos enteraríamos de algo.

1. Si no me (gustar) _____, te lo diría.
2. Si (enterarse/ellos) _____, me matarían.
3. Si (insistir/vosotros) _____, conseguiríais algo.
4. Si lo (conocer/tú) _____ realmente, no pensarías así.
5. Si (callarse/él) _____, estaría más guapo.
6. Si no (criticar/ellos) _____ tanto, no serían tan criticados.
7. Si (reflexionar/tú) _____ antes de contestar, te iría mejor.
8. Si (olvidarse/ella) _____ un poco de ella, tendría tiempo para pensar en los otros.

109. Formar frases condicionales con si, según el modelo.

Ejemplo: Lo invitaría pero no lo conozco bien. → *Si lo conociera bien, lo invitaría.*

1. Lo compraría pero no me queda bien.
→ _____

2. Nos veríamos más pero no vivimos aquí.
→ _____

3. Habría algún diálogo pero no reconocen sus errores.
→ _____

4. Recibiríais ayuda pero no os quejáis lo suficiente.
→ _____

5. Se arreglarían las cosas pero no te disculpas.
→ _____

6. Nos enteraríamos rápidamente pero no lo cuelga en la red.
→ _____

7. Iría al médico pero no me duele mucho.
→ _____

8. Le prestaría dinero pero no me lo devuelve.
→ _____

110. Formar el imperfecto de subjuntivo según el modelo.

Ejemplos: pedir → *pidiera/pidiese.*
morir → *muriera/muriese*
construir → *construyera/construyese*
conducir → *condujera/condujese*

1. seguir → _____
2. repetir → _____
3. venir → _____
4. distribuir → _____
5. contribuir → _____
6. traducir → _____
7. dormir → _____
8. poder → _____

111. Conjugar el verbo entre paréntesis.

Ejemplo: Ordenamos las estanterías antes de que los libros (caerse) *se cayeran.*

1. Compró el piso antes de que lo (construir/ellos) _____
2. Escondí el regalo antes de que (poder/él) _____ verlo
3. Puse todo en orden antes de que (venir/tú) _____
4. Me reí de mí mismo antes de que los otros (reírse) _____ de mí
5. Nos enteramos de los resultados antes de que (leer/ellos) _____ las listas.
6. La policía llegó justo antes de que los atracadores (huir) _____
7. La modelo se retocó el pelo antes de que la (vestir/ellos) _____ para el desfile.
8. Tomamos un aperitivo antes de que nos (servir/ellos) _____ la cena

112. Conjugar en pretérito indefinido (3ª persona del plural) y luego en imperfecto de subjuntivo (3ª persona del singular).

Ejemplo: hacer → *hicieron/hiciera*

1. decir → _____
2. tener → _____
3. estar → _____
4. ir/ser → _____
5. querer → _____
6. saber → _____
7. poner → _____
8. traer → _____

113. Transformar según el modelo.

Ejemplo: A lo mejor lo sabía. → *Quizá lo supiera.*

1. A lo mejor lo hacían. → _____
2. A lo mejor lo tenías. → _____
3. A lo mejor lo queríamos. → _____
4. A lo mejor lo traía. → _____
5. A lo mejor lo decían. → _____
6. A lo mejor estaba allí. → _____
7. A lo mejor íbamos. → _____
8. A lo mejor era eso. → _____

114. Unir las frases según el ejemplo.

Ejemplo: Avisarían. / Haber un problema. → *Avisarían si hubiera un problema.*

1. Avisarían. / Tener retraso. → _____
2. Avisarían. / No poder venir. → _____
3. Avisarían. / Estar ocupados. → _____
4. Avisarían. / Hacer mal tiempo. → _____
5. Avisarían. / Ser un problema. → _____
6. Avisarían. / Venir antes. → _____
7. Avisarían. / Sentirse mal. → _____
8. Avisarían. / Perder la conexión. → _____

115. Contestar a la pregunta.

Ejemplo: Si encontramos una solución, ¿estarías de acuerdo?
→ *Si encontrarais una solución, estaría de acuerdo.*

1. Si piden disculpas, ¿les darías otra oportunidad?
   →
2. Si hago una reunión mañana, ¿participarías?
   →
3. Si estás equivocado, ¿cambiarías de opinión?
   →
4. Si organizamos una cita, ¿nos acompañarías?
   →
5. Si traducen el documento, ¿corregirías la traducción?
   →
6. Si hay acuerdo, ¿firmarías el contrato?
   →
7. Si se cambian las reglas, ¿aceptarías?
   →
8. Si constituimos una sociedad, ¿trabajarías en ella?
   →

116. Contestar negativamente al ejercicio anterior con la forma en "se".

Ejemplo: Si encontramos una solución, ¿estarías de acuerdo?
→ *Aunque encontraseis una solución, no estaría de acuerdo.*

1.
2.
3.
4.
5.
6.
7.
8.

117. Hacer frases según el modelo.

Ejemplo: Dijo que (llamar/saber algo/tú)
→ *Dijo que llamaras cuando supieses algo.*

1. Dijo que (tener cuidado/cruzar la calle/vosotros).
   →
2. Dijo que (volver/querer/nosotros).
   →
3. Dijo que (ser puntual/ir a la cita/tú).
   →
4. Dijo que (hablar/tener algo que decir/yo).
   →
5. Dijo que (cerrar con llave/salir/vosotros).
   →
6. Dijo que (no pagar/consumir/nosotros).
   →
7. Dijo que (sacar al perro/llegar/tú).
   →
8. Dijo que (darle un saludo a Juan/verlo/yo).
   →

118. Transformar según el modelo.

Ejemplo: Llamé para estar más tranquilo (usted).
→ *Llamé para que usted estuviera más tranquilo.*

1. Llamé para tener más información (ellos).
   →
2. Llamé para no preocuparme (tú).
   →
3. Llamé para conseguir una cita (vosotros).
   →
4. Llamé para ser el primero de la lista (usted).
   →
5. Llamé para irme tranquilamente (nosotros)
   →
6. Llamé para enterarme de todo (tú).
   →
7. Llamé para reírme un poco (vosotros).
   →
8. Llamé para comprobar que todo va bien (ustedes).
   →

119. Poner la frase en negativo.

Ejemplo: Me comentó que estaba divinamente.
→ *No me comentó que estuviera divinamente.*

1. Me comentó que todo iba genial.
   → _____

2. Me comentó que tenían malos rollos.
   → _____

3. Me comentó que querías cambiar de aires.
   → _____

4. Me comentó que poníais muchos peros.
   → _____

5. Me comentó que pasaba de todo.
   → _____

6. Me comentó que iban de guapos.
   → _____

7. Me comentó que se enrollaban muy bien.
   → _____

8. Me comentó que te tirabas muchos faroles.
   → _____

120. Poner la frase en negativo.

Ejemplo: Creía que no podía hacerlo. → *No creía que pudiera hacerlo.*

1. Creía que no era para tanto.
   → _____

2. Creía que no tenía remedio.
   → _____

3. Creía que no había solución.
   → _____

4. Creía que no estaba bien de la cabeza.
   → _____

5. Creía que no hacía tanto tiempo.
   → _____

6. Creía que no iba a funcionar.
   → _____

7. Creía que no se hablaban.
   → _____

8. Creía que no quedaban opciones.
   → _____

REPASO

121. Conjugar los verbos entre paréntesis en imperfecto de subjuntivo.

Pista 8

A Carmen no la veo desde hace años. Pero en Navidad recibo siempre un recordatorio en forma de tarjeta o mail que sigue siempre las mismas pautas. Empieza con los condicionales: Si (pasar/yo) **pasara** cerca de tu casa… Si (tener/yo) _____ más tiempo… Si (hacer) _____ buen tiempo…

Luego vienen las desiderativas: Ojalá (poder/nosotros) _____ vernos el año que viene… Esperaba que (ser) _____ este año… Quizás (deber/nosotros) _____ fijar una fecha… Me gustaría que (ver/tú) _____ mi casa.

Por fin las frases temporales: Quería verte antes de que (nacer) _____ mi hijo… Quería que (venir/tú) _____ a casa cuando (volver/yo) _____ del hospital… Quería que (conocer/tú) _____ a Jorge antes de que fuera demasiado grande.

Así que este año me he animado y también la he felicitado:

Querida Carmen (querer/yo) _____ hacerte llegar mis deseos para el año que viene. Son estos: me gustaría que me (dejar/tú) _____ de dar la tabarra y me (olvidar/tú) _____ de una vez por todas. Me gustaría que no me (mandar/tú) _____ nunca más ninguna postal, mail, sms… es decir, nada. No te aguanto más. Aunque (disponer/yo) _____ de toda la eternidad por delante, aunque (ser/nosotros) _____ vecinas, e incluso aunque (ser/tú) _____ famosa, no iría a verte. ¿Está claro? Pues Feliz Navidad.

Capítulo 8

FORMAS NO PERSONALES DEL VERBO

122. Contestar a la pregunta según el modelo.

Ejemplo: ¿Vas o no? → *No sé si ir.*

1. ¿Lo haces o no? → _____
2. ¿Se lo dices o no? → _____
3. ¿Te lo quedas o no? → _____
4. ¿Nos lo das o no? → _____
5. ¿Le llamas o no? → _____
6. ¿Me la dejas o no? → _____
7. ¿Lo tiras o no? → _____
8. ¿Te lo pones o no? → _____

123. Transformar según el modelo.

Ejemplo: Dicen que llevan mucho tiempo esperando.
→ *Dicen llevar mucho tiempo esperando.*

1. Dicen que no tienen la mayoría.
→ _____
2. Dicen que hablan en nombre de todos.
→ _____

3. Dicen que se ponen de acuerdo antes.
   → _____

4. Dicen que son transparentes.
   → _____

5. Dicen que no lo pueden hacer.
   → _____

6. Dicen que no esperan nada a cambio.
   → _____

7. Dicen que vienen con ánimo constructivo.
   → _____

8. Dicen que lo sienten mucho.
   → _____

124. Transformar según el modelo.

Ejemplo: Parece que no están a gusto. → *Parecen no estar a gusto.*

1. Parece que se encuentra bien.
   → _____

2. Parece que no se divierten.
   → _____

3. Parece que se lo están pasando muy bien.
   → _____

4. Parece que se conocen de toda la vida.
   → _____

5. Parece que no se lo cree mucho.
   → _____

6. Parece que sabe lo que quiere.
   → _____

7. Parece que van en dirección contraria.
   → _____

8. Parece que se las arreglan solos.
   → _____

125. Contestar a la pregunta según el modelo.

Ejemplo: ¿Dijeron que no hicieron faltas? → *Sí, dijeron no haberlas hecho.*

1. ¿Dijeron que cometieron errores?
   → _____

2. ¿Dijeron que compusieron la música?
   →

3. ¿Dijeron que escribieron la letra?
   →

4. ¿Dijeron que publicaron un disco?
   →

5. ¿Dijeron que tuvieron éxito?
   →

6. ¿Dijeron que dieron conciertos?
   →

7. ¿Dijeron que no ganaron dinero?
   →

8. ¿Dijeron que dejaron el mundo de la música?
   →

126. Contestar a la pregunta según el modelo.

Ejemplo: ¿Por qué le llamaron la atención? / Llegar tarde.
→ *Le llamaron la atención por haber llegado tarde.*

1. ¿Por qué lo castigaron? / Portarse mal.
   →

2. ¿Por qué suspendió? / No estudiar.
   →

3. ¿Por qué tiene mala cara? / No dormir suficiente.
   →

4. ¿Por qué no aceptaron su candidatura? / Presentarla fuera de plazo.
   →

5. ¿Por qué rechazaron su carta? / No escribirla correctamente.
   →

6. ¿Por qué le dieron un premio? / Resolver el problema.
   →

7. ¿Por qué le han contestado mal? / Meterse en donde no le llaman.
   →

8. ¿Por qué tiene esa cara de felicidad? / Salirse con la suya.
   →

127. Transformar según el modelo.

Ejemplo: Venga, bailemos. → V*enga, a bailar.*

1. Venga, comamos. → _____
2. Venga, pasémoslo bien. → _____
3. Venga, durmamos. → _____
4. Venga, trabajemos. → _____
5. Venga, estudiemos. → _____
6. Venga, cenemos. → _____
7. Venga, merendemos. → _____
8. Venga, bebamos. → _____

128. Transformar según el modelo.

Ejemplo: Piden que se les escuche. → *Piden ser escuchados.*

1. Pide que se le respete. → _____
2. Pedimos que se nos consulte. → _____
3. Piden que se les perdone. → _____
4. Pido que se me tenga en cuenta. → _____
5. Pedimos que se nos informe de todo. → _____
6. Piden que se les autorice. → _____
7. Pide que se le compense en su justa medida. → _____
8. Pido que se me avise a tiempo. → _____

129. Completar según el modelo.

Ejemplo: Mira que bien canta. → *Eso es cantar.*

1. Mira qué bien baila. → _____
2. Mira qué bien conduce. → _____
3. Mira qué bien actúa. → _____
4. Mira qué bien recita. → _____
5. Mira qué bien escribe. → _____
6. Mira qué bien dirige. → _____
7. Mira qué bien cocina. → _____
8. Mira qué bien juega. → _____

REPASO

130. Sustituir lo subrayado por un infinitivo.
Pista 9

Alex no vendrá este año a la convención anual. Dice que no puede **poder** asistir porque tiene un compromiso familiar. La realidad parece que es _____ otra. Lo cierto es que sus superiores lo han apartado un poco porque se ha extralimitado _____ en sus funciones. Él insiste en que no ha hecho _____ nada que se le pueda reprochar, y pide que se le escuche _____. Ayer lo vi y parecía que estaba _____ muy relajado.

131. Poner los verbos entre paréntesis en gerundio.

Ejemplo: Mi oficina está (entrar) **entrando** a la izquierda.

1. La cafetería está (salir) _____ a mano derecha.
2. El ascensor está (subir) _____ las escaleras.
3. La entrada está (bajar) _____ justo enfrente.
4. La salida la encontrarás (ir) _____ todo recto.
5. El edificio está (pasar) _____ esta calle.
6. El restaurante está (girar) _____ en esta bocacalle.
7. El cine está (torcer) _____ dos calles más abajo.
8. La tienda está (venir) _____ a mano izquierda.

132. Contestar a la pregunta según el modelo.

Ejemplo: ¿Qué haces? / Comer → **Pues ya ves, comiendo.**

1. ¿Qué haces? / Leer → _____
2. ¿Qué haces? / Estudiar → _____
3. ¿Qué haces? / Descansar → _____
4. ¿Qué haces? / Trabajar → _____
5. ¿Qué haces? / Escribir → _____
6. ¿Qué haces? / Dibujar → _____
7. ¿Qué haces? / Dormir → _____
8. ¿Qué haces? / Lavar → _____

133. Sustituir lo subrayado por un gerundio.

Ejemplo: Tomé la decisión mientras me duchaba **duchándome.**

1. Lo decidí mientras me vestía _____
2. Me lo comentó mientras íbamos _____ a clase.
3. La idea me vino mientras observaba _____ a la gente en la calle.
4. Me convenció mientras nos arreglábamos _____ para salir.
5. Se me ocurrió mientras me comía _____ una pizza.
6. Tuve un sueño mientras dormía _____
7. Me acordé mientras redactaba _____ el informe.
8. Se me olvidó mientras hablaba _____ por teléfono.

134. Transformar según el modelo.

Ejemplo: Si gritas de esa manera, no hay diálogo posible.
→ *Gritando de esa manera, no hay diálogo posible.*

1. Si pide las cosas de esa manera, no obtendrá nada.
   → _____
2. Si no respeta a la gente, no conseguirá mucho.
   → _____
3. Si es desagradable, no logrará gran cosa.
   → _____
4. Si se muestra altivo, no irá muy lejos.
   → _____
5. Si no comes frutas y verduras, tendrás problemas más tarde.
   → _____
6. Si cuidas tu alimentación, tendrás mejor calidad de vida.
   → _____
7. Si duermes correctamente, estarás en forma.
   → _____
8. Si bebes alcohol de esa manera, envejecerás rápidamente.
   → _____

135. Formar según el modelo.

Ejemplo: Hablar / gritar → *Hablaba gritando.*

1. Entrar en los sitios / llamar la atención
   → _____

2. Comer / hacer ruido
   →

3. Hablar de todo el mundo / criticarlo
   →

4. Iniciar un diálogo / poner trabas
   →

5. Empezar una conversación / quejarse de todo
   →

6. Conducir / insultar a los otros conductores
   →

7. Dirigirse a los otros / Saltarse toda norma de cortesía
   →

8. Vivir / imponerse por la fuerza
   →

136. Transformar según el modelo.

Ejemplo: Tengo a todo el personal que me espera.
→ *Tengo a todo el personal esperando.*

1. Tengo todas las máquinas que funcionan.
   →

2. Tengo todos los teléfonos que suenan.
   →

3. Tengo las piernas que me tiemblan.
   →

4. Tengo el corazón que me late a cien por hora.
   →

5. Tengo la cabeza que me estalla.
   →

6. Tengo a mis amigos que se quejan.
   →

7. Tengo a mis perros que protestan.
   →

8. Tengo a mis alumnos que juegan en el patio.
   →

REPASO

137. Sustituir lo subrayado por un gerundio.

Pista 10

Tomé la decisión de llevar mi CV personalmente <u>mientras desayunaba</u> **desayunando**. Pensé que <u>si lo entregaba</u> _____ en mano, mostraría que tenía más interés. <u>Al entrar</u> _____ a mano derecha vi la recepción. Allí había una chica cuya cara me sonaba. <u>Mientras esperaba</u> _____ mi turno, me di cuenta de que habíamos estudiado juntas. Nos saludamos y fue ella quien me dijo que <u>si añadía</u> _____ una carta al CV sería más útil. Luego estuvimos charlando un rato y quedamos para vernos otro día porque os tenía a vosotros <u>que me esperabais</u> _____.

138. Completar según el modelo.

Ejemplo: Restauraron el cuadro. Quedó **restaurado.**

1. Reservé los billetes. Quedaron _____
2. Hice la compra. Quedó _____
3. Puse el contestador. Quedó _____
4. Programé una lavadora. Quedó _____
5. Abrí las ventanas. Quedaron _____
6. Escribí varios mensajes. Quedaron _____
7. Revolví un poco en tus cosas. Quedaron _____
8. Resolví todos los problemas. Quedaron _____

139. Transformar según el modelo.

Ejemplo: Me pareció ver que Ángel se enfadaba.
→ **Me pareció ver a Ángel enfadado.**

1. Me pareció ver que Susana se ilusionaba.
→ _____
2. Me pareció ver que tus amigos se impacientaban.
→ _____
3. Me pareció ver que tus compañeras se perdían.
→ _____

4. Me pareció ver que Antón se animaba.
   → _____

5. Me pareció ver que tus padres se fatigaban.
   → _____

6. Me pareció ver que tu familia se convencía.
   → _____

7. Me pareció ver que tu chico se aburría.
   → _____

8. Me pareció ver que tu chica se divertía
   → _____

140. Tachar la respuesta incorrecta.

Ejemplo: Este asunto está más que *hablador* / *hablado.*

1. Es una solución bien *pensativa / pensada.*
2. Es un joven muy *pensativo / pensado.*
3. Es una chica *ganada / ganadora.*
4. Es un partido *ganado / ganador* de antemano.
5. Es un chico muy *gastado / gastador.*
6. Es una rueda *gastada / gastadora.*
7. Es un país *productor / producido* de petróleo.
8. Es una película *productora / producida* en Francia.

141. Sustituir según el modelo.

Ejemplo: El libro se publicará **será publicado** en otoño.

1. La novela se pondrá _____ a la venta en primavera.
2. Los diccionarios defectuosos se retirarán _____ del mercado.
3. Las enciclopedias se consultarán _____ en internet.
4. Los restos arqueológicos se expondrán _____ al público.
5. La exposición se verá _____ en varios países.
6. La película se rodará _____ en Italia.
7. Las canciones se grabarán _____ en Los Ángeles.
8. Los derechos de autor se respetarán _____

REPASO

142. Sustituir por un participio pasado.
Pista 11

La semana pasado tuvimos una reunión y en ella quedaron (establecer) ***establecidas*** las reglas que había que seguir. Fueron (analizar) _____ los pros y los contras y quedó (definir) _____ una estrategia. Las conclusiones que fueron (adoptar) _____ serán (hacer) _____ públicas en breve. Estamos (convencer) _____ de que las decisiones que fueron (tomar) _____ son las que necesitamos, pero quedaron (proponer) _____ alternativas en caso contrario.

Capítulo 9

LA VOZ PASIVA Y *SER / ESTAR*

143. Transformar las frases activas en frases pasivas.

Ejemplo: En 1933 los conservadores alemanes eligen a Hitler como jefe de gobierno.
→ *Hitler es elegido jefe de gobierno por los conservadores alemanes en 1933.*

1. En 1933 los nazis crean el campo de concentración de Dachau.
   → _____
2. En 1937 la aviación alemana bombardea Guernica.
   → _____
3. En 1937 Picasso pinta El Guernica.
   → _____
4. En 1938 Hitler anexiona Austria.
   → _____
5. En 1940 Alemania invade Francia.
   → _____
6. En 1940 el general Hans Frank crea el gueto de Varsovia.
   → _____
7. En 1945 los aliados abren el Proceso de Nuremberg.
   → _____
8. En 1946 los jueces condenan a los más altos dirigentes nazis.
   → _____

144. Conjugar los verbos entre paréntesis según el modelo.

Ejemplo: La Torre Eiffel (construir) es **construida** entre 1887 y 1889.

1. El Cubismo (inventar) _____ por Picasso y Braque.
2. El cuadro *Las Señoritas de Aviñón* (pintar) _____ en 1937.

3. Muchas naturalezas muertas cubistas (realizar) _____ por Braque.
4. La línea y la forma (reivindicar) _____ para componer el cuadro.
5. El color (dejar) _____ de lado como algo secundario.
6. La figura (descomponer) _____ y (pintar) _____ de forma geométrica.
7. El pintor (considerar) _____ un creador total.
8. Los espectadores (invitar) _____ a interpretar la obra.

145. Contestar a la pregunta.

Ejemplo: ¿Quién compuso la ópera *Otelo*? / Verdi
→ *La ópera* Otelo *fue compuesta por Verdi.*

1. ¿Quién escribió la obra *Otelo*? / Shakespeare
   → _____
2. ¿Quién inventó la teoría de la relatividad? / Einstein
   → _____
3. ¿Quién dirigió la película *La Diligencia*? / John Ford
   → _____
4. ¿Quién pintó el cuadro *El Grito*? / Munch
   → _____
5. ¿Quién ganó cuatro oscar a la mejor actriz? / Katherine Hepburn
   → _____
6. ¿Quién dirigió las transformaciones de París en el siglo XIX? / Hausmann
   → _____
7. ¿Quién creó los premios Nobel? / Alfred Nobel
   → _____
8. ¿Quién dirige arquitecturalmente la construcción de Brasilia? / Oscar Niemeyer
   → _____

146. Relacionar.

1. Ser hecho a propósito.	a. Se hizo a propósito.
2. Es hecho a propósito.	b. Se hacía a propósito.
3. Era hecho a propósito.	c. Hacerse a propósito.
4. Fue hecho a propósito.	d. Se ha hecho a propósito.
5. Ha sido hecho a propósito.	e. Se había hecho a propósito.
6. Será hecho a propósito.	f. Se haría a propósito.
7. Sería hecho a propósito.	g. Se hace a propósito.
8. Había sido hecho a propósito.	h. Se hará a propósito.

147. Poner en pasiva refleja.

Ejemplo: Un huracán fue detectado. → *Se detectó un huracán.*

1. Cientos de mantas y víveres fueron distribuidos.
   → _____
2. Las ventanas eran protegidas del fuerte viento.
   → _____
3. Los mensajes por radio son enviados continuamente.
   → _____
4. Las medidas de seguridad serán reforzadas.
   → _____
5. Todos los vuelos fueron cancelados.
   → _____
6. El aeropuerto será cerrado por un periodo de 24 horas.
   → _____
7. Los turistas son realojados en los hoteles.
   → _____
8. La población ha sido alertada del peligro.
   → _____

148. Contestar a la pregunta.

Ejemplo: ¿Cuándo se fundó la compañía automovilística Ford? / 1903
→ *La compañía automovilística Ford fue fundada en 1903.*

1. ¿Cuándo se lanzó el motor Ford T? / 1908
   → _____
2. ¿En qué ciudad se creó? / Detroit
   → _____
3. ¿Dónde se colocó el volante? / Lado izquierdo
   → _____
4. ¿A partir de qué año se produjo en cadena? / 1913
   → _____
5. ¿A qué precio se puso en el mercado en 1908? / 825 dólares
   → _____
6. ¿Para quién se fabricó? / La clase media americana
   → _____
7. ¿Cómo se apoyó en su salida al mercado? / Campaña de publicidad masiva
   → _____
8. ¿Cuántas unidades se vendieron? Más de 15 millones
   → _____

149. Relacionar.

1. El cocinero fue premiado por una guía.
2. El cocinero fue premiado por varias guías.
3. Los cocineros fueron premiados por una guía.
4. Los cocineros fueron premiados por varias guías.
5. La cocina fue alabada por un experto.
6. La cocina fue alabada por varios expertos.
7. Las cocinas fueron alabadas por un experto.
8. Las cocinas fueron alabadas por varios expertos.

a. Al cocinero lo premiaron varias guías.
b. A los cocineros los premió una guía.
c. Al cocinero lo premió una guía.
d. A los cocineros los premiaron varias guías.
e. Las cocinas las alabaron varios expertos.
f. La cocina la alabó un experto.
g. La cocina la alabaron varios expertos.
h. Las cocinas las alabó un experto.

150. Tranformar las frases pasivas en frases activas.

Ejemplo: El aceite de oliva era utilizado por los egipcios con fines cosméticos.
→ *El aceite de oliva lo utilizaban los egipcios con fines cosméticos.*

1. El aceite de oliva es traído a la Península Ibérica por los fenicios.
   → _____
2. La producción masiva en Andalucía es propagada por los romanos.
   → _____
3. Las aceitunas son recolectadas a finales de otoño o principios de invierno.
   → _____
4. La aceituna recolectada es transportada a las almazaras.
   → _____
5. Las aceitunas son molidas en un primer proceso.
   → _____
6. Después la masa resultante es batida.
   → _____
7. Finalmente el aceite es extraído por presión o por centrifugación.
   → _____
8. Los diversos aceites de oliva españoles son degustados por millones de personas.
   → _____

151. Contestar a la pregunta, según el modelo.

Ejemplo: ¿Cuándo fue asesinado el presidente Kennedy? / 1963.
→ *Al presidente Kennedy lo asesinaron en 1963.*

1. ¿Dónde fue cometido el asesinato? / En Dallas.
→ _____

2. ¿A dónde fue conducido el herido en un primer momento? / Al hospital Parkland.
→ _____

3. ¿A qué hora fue comunicada su defunción? / A las 13 h.
→ _____

4. ¿Dónde fue efectuada la autopsia? / En Washington.
→ _____

5. ¿Dónde fueron celebrados los funerales? / En la catedral de San Mateo.
→ _____

6. ¿Cuándo fue celebrado el funeral de estado? / Tres días después de su muerte.
→ _____

7. ¿Dónde fue enterrado el Presidente? / En el cementerio de Arlington.
→ _____

8. ¿Dónde fue publicada la noticia? / En todos los periódicos del mundo.
→ _____

REPASO

152. Transformar la pasiva refleja en pasiva.

Pista 12

Ayer se realizó **fue realizada** una votación con el objeto de elegir la fotografía de la portada de la revista. Previamente se había hecho una selección para escoger las más interesantes. Me consultaron si quería participar en la selección y acepté de buena gana. Finalmente se escogieron dos clichés. Las dos fotos se estudiaron minuciosamente, y después de un par de horas se descartó una de ellas. La foto ganadora se eligió casi por unanimidad y se envió inmediatamente para su impresión.

153. Tachar la respuesta incorrecta.

Ejemplos: El estreno **es** / ~~está~~ en el Teatro Colón.
El Teatro Colón ~~es~~ / **está** en Buenos Aires.

1. La ceremonia *es / está* en el Palacio del festival.
2. Cannes *es / está* en el sur de Francia.
3. El palacio del festival *es / está* en el centro.
4. Este año los Oscar *son / están* en el mismo lugar de siempre.
5. El Teatro Kodak *es / está* en Los Ángeles.
6. La recepción *es / está* en el salón del reino.

7. El salón del reino *es / está* en el Palacio Real.
8. La Parada Militar *es / está* en el Patio de Armas.

154. Completar con *es* o *está*.

Ejemplo: Hoy la cita futbolística **es** en Madrid.

1. El derbi _____ en el Santiago Bernabéu.
2. El equipo del Barcelona ya _____ en Madrid.
3. El Santiago Bernabéu _____ en la Castellana.
4. La rueda de prensa _____ en la ciudad deportiva.
5. El encuentro de vuelta _____ en el Nou Camp en Barcelona.
6. La final _____ en el estadio de San Mamés de Bilbao.
7. Bilbao _____ en el País Vasco.
8. El partido _____ a las 8, hora peninsular.

155. Sustituir lo subrayado con *ser* o *estar*.

Ejemplo: La reunión <u>tiene lugar</u> en el despacho del jefe.
→ La reunión **es** en el despacho del jefe.

1. Los Juegos Paraolímpicos <u>se celebran</u> en Londres.
→ _____
2. La ceremonia de clausura <u>se realiza</u> en el estadio olímpico.
→ _____
3. El estadio olímpico <u>se localiza</u> al este de la capital.
→ _____
4. Las pruebas de vela <u>tienen lugar</u> en Weymouth y Portland.
→ _____
5. Las pantallas de televisión <u>se encuentran</u> estratégicamente situadas.
→ _____
6. El palco de honor <u>se sitúa</u> en el centro del estadio.
→ _____
7. Los partidos de tenis <u>se desarrollan</u> en el estadio de Wimbledon.
→ _____
8. Todo el atletismo <u>se lleva a cabo</u> en el estadio principal.
→ _____

156. Tachar la respuesta incorrecta.

Ejemplos: ~~*Soy*~~ */ Estoy* listo, cuando quieras nos vamos.
Es / ~~*Está*~~ muy listo. Coge todo a la primera.

1. Ha sido duro, pero soy / estoy orgulloso del resultado.
2. En la naturaleza el color dominante es / está el verde.
3. Francamente es / está muy aburrido hacer siempre lo mismo.
4. Saca buenas notas porque es / está atento durante el curso.
5. Es / Está muy orgulloso. Se lo toma todo de manera personal.
6. Es / Está muy atento con todo el mundo. Es encantador.
7. Soy / Estoy aburrido de ir siempre a los mismos sitios.
8. Deja la manzana en el árbol. Todavía es / está verde.

157. Completar con *ser* o *estar* en presente.

Ejemplo: Los ocupantes del coche **están** graves.

1. La situación en el país _____ cada vez más grave.
2. _____ seguro que tiene que haber una solución.
3. _____ bueno que la prensa internacional se haga eco de todo.
4. _____ delicado hacer una valoración ahora mismo.
5. _____ un poco delicado todavía tras la operación.
6. Pero en una semana ya _____ bueno.
7. Esta ciudad _____ muy segura, puedes pasear sin problemas.
8. Pedro no _____ tan grave como dicen.

158. Transformar según el modelo.

Ejemplo: ¿Hace frío? / fresco → ***Sí, está fresco.***

1. ¿Pepe comunica fácilmente con la gente? / Abierto
   → _____
2. ¿Tomó mal la crítica Bea? / Negra
   → _____
3. ¿Se han suspendido las negociaciones? / Paradas
   → _____
4. ¿Se ríe mucho el chico de los recados? / Alegre
   → _____
5. ¿De qué color es el traje? / Negro
   → _____
6. ¿Qué carácter tiene la chica nueva? / Parada
   → _____
7. ¿Han abierto el plazo de inscripciones? / Abierto
   → _____
8. ¿Ha bebido un poquito de más? / Alegre
   → _____

159. Completar con *ser* o *estar* en tercera persona de singular.

Ejemplo: **Es** capaz de hablar dos horas y no decir nada.

1. _____ harto de perder el tiempo escuchando tonterías.
2. _____ indignado con el trato recibido en la tienda.
3. _____ obvio que las cosas no van a quedar así.
4. _____ claro que va a haber una respuesta y no muy agradable.
5. _____ lógico que le devuelvan el dinero.
6. _____ justo que haya una compensación económica.
7. _____ sorprendido por la falta de profesionalidad.
8. _____ desesperante porque no puedes hacer nada.

160. Relacionar.

1. Es
2. Está

a. coriginario de España.
b. considerado como un gran dibujante.
c. famoso por sus bigotes.
d. casado con su musa, Gala.
e. enterrado en su museo de Figueres.
f. inconcebible el surrealismo sin él.
g. evidente su contribución a la publicidad.
h. claro que se trata de Salvador Dalí.

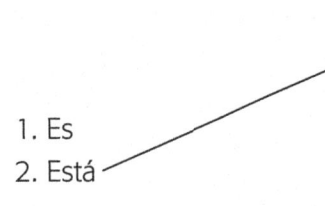

REPASO

161. Completar con *fue* (4), *era* (4), *estaba* (2), *ser* (2), *fueron* (1), *estuvo* (1), *estaban* (1).

Pista 13

El suceso *fue* en un avión que hacía la ruta París-Nueva York. _____, creo recordar, en el mes de marzo o abril. El trayecto _____ de una duración de 8 h más o menos y todo _____ normal hasta una hora antes de llegar a Nueva York. En ese momento el comandante del avión nos informó de que teníamos un problema: una rueda del tren de aterrizaje _____ según parece, deshinchada. _____ necesario hacer una maniobra de aproximación a baja altura para que el neumático pudiera _____ examinado por los técnicos desde tierra. Tras esta comprobación y después de _____ vaciado del todo el queroseno, el avión _____ autorizado a aterrizar. Los pasajeros _____ entonces preparados para un aterrizaje de emergencia. El silencio en la nave _____ sepulcral. Afortunadamente todo acabó bien y cuando el avión _____ completamente parado pudimos comprobar que la policía, los bomberos y las ambulancias _____ a lo largo de la pista como habíamos visto tantas veces en películas. Pero esta vez _____ real y yo _____ allí.

¡DALE A LA GRAMÁTICA! B2

Capítulo 10

FORMAS VERBALES COMPUESTAS DE SUBJUNTIVO

162. Poner la frase en negativo.

Ejemplo: Es verdad que lo he dicho. → *No es verdad que lo haya dicho.*

1. Es verdad que me he echado atrás.
   → _____
2. Es verdad que te has retirado a tiempo.
   → _____
3. Es verdad que se ha vuelto más prudente.
   → _____
4. Es verdad que nos hemos jugado mucho.
   → _____
5. Es verdad que habéis apostado un montón.
   → _____
6. Es verdad que han dado la cara.
   → _____
7. Es verdad que todo ha salido divinamente.
   → _____
8. Es verdad que todos han respondido.
   → _____

163. Contestar a la pregunta según el modelo.

Ejemplo: ¿Cuándo podemos pasar a la fase siguiente? / Acabar esta
   → *Una vez que hayamos acabado esta.*

1. ¿Cuándo puedo cerrar el caso? / Solucionar el problema
   → _____

2. ¿Cuándo puedes publicar el artículo? / Obtener el visto bueno
→ _____

3. ¿Cuándo podéis hacer público el compromiso? / Lograr la autorización
→ _____

4. ¿Cuándo podemos irnos? / Conseguir un taxi
→ _____

5. ¿Cuándo pueden ustedes tomar la decisión? / Ponerse de acuerdo
→ _____

6. ¿Cuándo puede usted firmar los papeles? / Recibido los originales
→ _____

7. ¿Cuándo pueden ellos comercializar el objeto? / Llegar a un acuerdo
→ _____

8. ¿Cuándo puede ella disponer del dinero? / Vender las acciones
→ _____

164. Contestar a las preguntas del ejercicio anterior, según el modelo.

Ejemplo: ¿Cuándo podemos pasar a la fase siguiente? / Acabar esta
→ *Una vez que acabemos esta.*

1. _____
2. _____
3. _____
4. _____
5. _____
6. _____
7. _____
8. _____

165. Transformar según el modelo.

Ejemplo: Espero que lleguen a tiempo. → *Espero que hayan llegado a tiempo.*

1. Espero que no se lo tome en serio.
→ _____

2. Espero que se lo piensen dos veces.
→ _____

3. Espero que no te cojas un cabreo.
→ _____

4. Espero que no os lo creáis.
→ _____

5. Espero que no se den cuenta.
→ _____

6. Espero que no te eches para atrás.
→ _____

7. Espero que no pongáis peros.
→ _____

8. Espero que no se haga el tonto.
→ _____

166. Tachar la respuesta incorrecta.

Ejemplo: No creo que ya ~~*resuelva*~~ / *haya resuelto* el enigma.

1. No creo que mañana *sea / haya sido* más fácil.
2. No creo que aún *descubra / haya descubierto* la clave.
3. No creo que todavía *sigan / hayan seguido* trabajando juntos.
4. No creo que el año que viene *existan / hayan existido* otras soluciones.
5. No creo que ya *acabe / haya acabado* la crisis.
6. No creo que todavía se *reduzca / haya reducido* el déficit comercial.
7. No creo que la próxima generación *viva / haya vivido* mejor.
8. No creo que aún se *avance / haya avanzado* lo suficiente.

167. Conjugar los verbos en indicativo o en sujuntivo.

Ejemplos: Está claro que la situación (mejorar) ***ha mejorado.***
No está claro, sin embargo, que nosotros (progresar) ***hayamos progresado.***

1. Es evidente que (haber) _____ avances tecnológicos.
2. No es evidente, sin embargo, que estos avances (ser) _____ para todos.
3. Es verdad que los progresos en medicina (aumentar) _____ la esperanza de vida.
4. No es verdad, sin embargo, que todo el mundo se (beneficiar) _____
5. Es cierto que los hábitos alimenticios (cambiar) _____
6. No es cierto, sin embargo, que se (lograr) _____ una alimentación equilibrada.
7. Está claro que el hombre (salir) _____ al espacio.
8. No está claro, sin embargo, que él (erradicar) _____ la lepra.

168. Transformar según el modelo.

Ejemplo: Para mí es mejor haber cambiado de aires.
→ ***Es mejor que haya cambiado de aires.***

1. Para ella es mejor haber dejado de lado los problemas.
→ _____

2. Para vosotros es mejor haber cortado de raíz.
→ _____

3. Para nosotros es mejor haber aireado la mente.
→ _____

4. Para ti es mejor haberte liberado un poco.
→ _____

5. Para ellos es mejor haber puesto tierra de por medio.
→ _____

6. Para usted es mejor haber tomado distancias.
→ _____

7. Para mí es mejor haberme distanciado.
→ _____

8. Para nosotros es mejor habernos olvidado del tema.
→ _____

169. Conjugar en indicativo o subjuntivo.

Ejemplo: Es difícil que todos se (poner) **hayan puesto** de acuerdo.

1. Es evidente que una minoría (manifestar) _____ su desacuerdo.
2. Es obvio que se (deber) _____ tener en cuenta su opinión.
3. Es mejor que se (expresar) _____ todo el mundo.
4. Está bien que la decisión se (someter) _____ a votación.
5. Está claro que una mayoría (votar) _____ afirmativamente.
6. Es posible que (haber) _____ algunas abstenciones.
7. Es lógico que la votación (ser) _____ secreta.
8. Es verdad que la voluntad mayoritaria se (respetar) _____

170. Contestar a la afirmación según el modelo.

Ejemplo: Ya han empezado las obras → **No creo que hayan empezado.**

1. Ya se ha cansado de jugar. → _____
2. Ya hemos terminado con este asunto. → _____
3. Ya ha ganado la apuesta. → _____
4. Ya has perdido el control. → _____
5. Ya habéis hecho bastante. → _____
6. Ya os ha dicho todo. → _____
7. Ya han sido seleccionados. → _____
8. Ya ha sido descartado. → _____

REPASO

171. Tachar la respuesta incorrecta.

Pista 14

Es importante que **hemos / hayamos** organizado este encuentro. Creo que *ha / haya* sido una buena idea. Está claro que *ha / haya* habido diferencias y es natural que las *ha / haya* habido, pero lo que no está bien es que se *ha / haya* dejado pasar tanto tiempo. Yo creo que *ha / haya* sido positivo que nos *hemos / hayamos* expresado libremente, pero no creo que el tono empleado *ha / haya* sido el adecuado. Es evidente que lo que se ha / haya puesto sobre la mesa eran temas muy personales y es lógico que esto *ha / haya* provocado reacciones muy vivas. Es verdad que la crítica no *ha / haya* sido siempre constructiva, pero tampoco creo que *ha / haya* sido algo para no dirigirse la palabra.

172. Indicar la otra forma del auxiliar en pasado.

Ejemplo: ¡Si hubiera hecho derecho! → Si **hubiese**

1. ¡Si me hubiera ido mejor! → _____
2. ¡Si hubieras participado más activamente! → _____
3. ¡Si se hubiera comprometido más con la causa! → _____
4. ¡Si hubiéramos ayudado psicológicamente! → _____
5. ¡Si hubierais contribuido económicamente! → _____
6. ¡Si hubieran resistido un poco más! → _____
7. ¡Si hubiera intervenido usted en el debate! → _____
8. ¡Si hubieran dado ustedes su permiso! → _____

173. Conjugar los verbos entre paréntesis.

Ejemplo: Habría sido más educado si (decir/tú) **hubieras dicho** algo agradable.

1. Habría sido más fácil si (llevar/tú) _____ un plano contigo.
2. Habría sido más efectico si (poner/usted) _____ más atención.
3. Habría sido más lógico si (quejarse/vosotros) _____
4. Habría sido más rápido si (solicitar/ustedes) _____ ayuda.
5. Habría sido más interesante si (mostrar/nosotros) _____ más interés.
6. Habría sido más consecuente si (negarse/yo) _____
7. Habría sido más difícil si (llevarse/nosotros) _____ mal.
8. Habría sido más público si (salir) _____ en la prensa.

174. Formar frases según el modelo.

Ejemplo: Poner el despertador / despertarse a tiempo / vosotros.
→ *Si hubierais puesto el despertador, os habríais despertado a tiempo.*

1. Abrigarse más / no coger este resfriado / tú.
   → _____
2. Confundirse / decir algo / él.
   → _____
3. Retrasarse / avisar / nosotros.
   → _____
4. Engañar a la gente / ser multados / ellos.
   → _____
5. Olvidarse de la clave / no poder abrir la caja fuerte / usted.
   → _____
6. Encontrarse mal / ir a urgencias / yo.
   → _____
7. Sentirse a gusto / quedarse / ellos.
   → _____
8. Comer algo en malas condiciones / notarlo / vosotros.
   → _____

175. Transformar según el modelo.

Ejemplo: Si hubiera llegado, ya lo sabríamos. → *De haber llegado, ya lo sabríamos.*

1. Si me lo hubieran preguntado, se lo habría dicho.
   → _____
2. Si se lo hubieran pedido, se lo habría dado.
   → _____
3. Si hubieran dado señales de vida, estaríamos más tranquilos.
   → _____
4. Si lo hubiera sabido, no habría venido.
   → _____
5. Si hubiera aprobado, habría solicitado una beca.
   → _____
6. Si hubiéramos comprado la casa, habríamos pedido un préstamo.
   → _____
7. Si no hubiera cambiado de coche, me habría ido de vacaciones.
   → _____
8. Si no me hubieran engañado antes, ahora no desconfiaría.
   → _____

¡DALE A LA GRAMÁTICA! B2

176. Poner en indicativo o en subjuntivo.

Ejemplos: Aunque me (informar/ellos) **habían informado** del peligro, había ido.
Aunque me (informar/ellos) **hubieran informado** del peligro, habría ido.

1. Aunque no (dormir/yo) _____ mucho, me había despertado temprano.
2. Aunque (cambiar/nosotros) _____ de opinión, no habría servido de nada.
3. Aunque (poner/tú) _____ todo de tu parte, no habría salido bien.
4. Aunque (abrir) _____ los comercios, no había demasiada gente en la calle.
5. Aunque nos (invitar/vosotros) _____ no habríamos podido ir.
6. Aunque (venir/tú) _____ a buscarme, no habría salido.
7. Aunque (hacer/yo) _____ una selección, había tenido que hacer otra.
8. Aunque (decir/él) _____ que asistiría, finalmente no se había presentado.

177. Transformar utilizando *antes de que*.

Ejemplo: Se marchó antes de ponerse a llover.
→ *Se marchó antes de que se hubiera puesto a llover.*

1. Se hizo mucha publicidad antes de estrenarse la película.
   → _____
2. Se probó antes de comercializarse.
   → _____
3. Se hizo una última revisión antes de llegar los invitados.
   → _____
4. Se cortó el tráfico antes de pasar la comitiva.
   → _____
5. Se tomó unas vacaciones antes de empezar el curso.
   → _____
6. Se inscribió en el cursillo antes de aumentar las tarifas.
   → _____
7. Se matriculó en medicina antes de finalizar el plazo.
   → _____
8. Se abonó a la revista antes de terminar la promoción.
   → _____

178. Formar frases según el modelo.

Ejemplo: No conseguí nada. → *¡Si hubiera conseguido algo!*

1. No hicieron nada.
2. No dijimos nada.
3. No pusiste nada.
4. No contribuyó nada.
5. No pidieron nada.
6. No sirvió para nada.
7. No descubriste nada.
8. No resolví nada.

179. Completar la frase según el modelo.

Ejemplo: Dijo que ya no podía hacer más. *¡Como si hubiera hecho tanto!*

1. Dijeron que ya no podían gastar más.
2. Dijiste que ya no podías contar más.
3. Dijisteis que ya no podíais dar más.
4. Dijo que ya no podía decir más.
5. Dijeron que ya no podían ayudar más.
6. Dijisteis que ya no podíais ver más.
7. Dijo que ya no podía aguantar más.
8. Dijiste que ya no podías soportar más.

REPASO

180. Tachar la respuesta incorrecta.

Pista 15

Viajamos mucho y todos nuestros amigos no comprendían cómo aún no **habíamos / hubiéramos** ido a India. No entendían que después de tantos viajes no *habíamos / hubiéramos* programado uno a ese país. En realidad no es que lo *habíamos / hubiéramos* descartado; lo habíamos pensado muchas veces, pero por una u otra razón lo *habíamos / hubiéramos* aplazado siempre. Cuando por fin fuimos nos pareció fascinante. Fue como si de repente *habíamos / hubiéramos* descubierto otro mundo, y nos dijimos: ¡si *habíamos / hubiéramos* venido antes! Comprendimos de inmediato lo que nuestros amigos *habían / hubieran* querido decir.

Capítulo 11

SUBORDINADAS SUSTANTIVAS

181. Conjugar los verbos entre paréntesis.

Ejemplo: Quiero que (tener/tú) **tengas** todo listo para mañana.

1. Prefiere que (mantenerse/vosotros) _____ al margen.
2. Espero que no (cometer/ellos) _____ ningún error.
3. Nos oponemos a que (cerrarse) _____ ese teatro.
4. Tienen la esperanza de que todo (salir) _____ bien.
5. Deseo que todo (ir/tú) _____ bien.
6. Procuramos que (hacerse) _____ justicia.
7. Pretenden que su idea (aceptarse) _____ sin discusión.
8. Queremos que todo (ser) _____ discutido de antemano.

182. Poner el ejercicio anterior en pasado.

Ejemplo: *Quería que tuvieras todo listo para mañana.*

1. _____
2. _____
3. _____
4. _____
5. _____
6. _____
7. _____
8. _____

183. Poner en pasado.

Ejemplo: Ahora piden que haya un mínimo de personas.
→ *Antes no pedían que hubiera un mínimo de personas.*

1. Ahora aconsejan que se tenga prudencia.
→ _____

2. Ahora sugieren que se vaya acompañado.
→ _____

3. Ahora permiten que se entre libremente.
→ _____

4. Ahora niegan que haya peligro.
→ _____

5. Ahora dejan que usemos internet.
→ _____

6. Ahora piden que utilicemos las redes sociales.
→ _____

7. Ahora proponen que se controle el acceso.
→ _____

8. Ahora protestan que sea gratuito.
→ _____

184. Contestar según el modelo.

Ejemplo: Quieren poner publicidad. → *Pues yo no quiero que pongan publicidad.*

1. Quieren sacar ese tema.
→ _____

2. Quieren proponer otra fecha.
→ _____

3. Quieren distribuir las invitaciones.
→ _____

4. Quieren conocer al invitado sorpresa.
→ _____

5. Quieren seguir con el programa.
→ _____

6. Quieren pedir una prórroga.
→ _____

7. Quieren consultar los archivos.
→ _____

8. Quieren dar su opinión.
→ _____

185. Transformar según el modelo.

Ejemplo: Falta que le demos el toque final. → *Falta darle el toque final.*

1. Falta que se lo confirmemos.
   →
2. Falta que lo pongamos en la red.
   →
3. Falta que construyamos un sitio internet.
   →
4. Falta que lo anunciemos en la prensa.
   →
5. Falta que consigamos el dinero.
   →
6. Falta que lo sirvamos.
   →
7. Falta que recojamos la mesa.
   →
8. Falta que cozamos las patatas.
   →

186. Formar frases según el modelo.

Ejemplo: Pedir excusas. → *Basta con que pidas excusas.*

1. Dar un telefonazo. →
2. Echar una ojeada. →
3. No decir palabrotas. →
4. No ponerse pesado. →
5. Arreglárselas solo. →
6. No dárselas de listo. →
7. Hacerse el loco. →
8. Probar suerte. →

187. Transformar según el modelo.

Ejemplo: Eso provoca un aumento de la pobreza.
→ *Eso provoca que la pobreza aumente.*

1. Eso provoca una disminución de la contaminación.
   →
2. Eso provoca una subida de los tipos de interés.
   →

3. Eso provoca una bajada de la bolsa.
→ _____

4. Eso provoca un crecimiento de la economía.
→ _____

5. Eso provoca una proliferación de gérmenes.
→ _____

6. Eso provoca una pérdida de valor de las materias primas.
→ _____

7. Eso provoca una caída de las acciones.
→ _____

8. Eso provoca una resistencia de los virus.
→ _____

188. Poner en pasado las frases del ejercicio anterior.

Ejemplo: *Eso provocó que la pobreza aumentara / aumentase.*

1. _____
2. _____
3. _____
4. _____
5. _____
6. _____
7. _____
8. _____

189. Contestar a la pregunta según el modelo.

Ejemplo: ¿Sabías que Pedro era arquitecto?
→ *No, no sabía que era / fuera arquitecto.*

1. ¿Sabías que estábamos enfadados?
→ _____

2. ¿Sabías que vivían tan lejos?
→ _____

3. ¿Sabías que se conocían?
→ _____

4. ¿Sabías que nos llevábamos mal?
→ _____

5. ¿Sabías que me hizo la vida imposible?
→ _____

6. ¿Sabías que solo se mueve por interés?
   →
7. ¿Sabías que le debe dinero a todo el mundo?
   →
8. ¿Sabías que tuvieron un juicio por difamación?
   →

REPASO

190. Transformar lo subrayado por una construcción de "que + subjuntivo" en presente.

Pista 16

Falta <u>ponernos</u> ***que nos pongamos*** de acuerdo sobre el país y <u>decidir</u> _____ cuántos días vamos a ir. A partir de ahí falta todo lo demás: <u>alquilar</u> _____ el coche, <u>buscar</u> _____ alojamiento, <u>elaborar</u> _____ un itinerario, <u>recoger</u> _____ información, <u>establecer</u> _____ una ruta, <u>contratar</u> _____ los servicios de un guía y <u>pedir</u> _____ un pequeño crédito. No basta con <u>tener</u> _____ tiempo y ganas, también es necesario <u>disponer</u> _____ de dinero.

REPASO

191. Poner el texto anterior en pasado.

Pista 17

Faltaba que nos pusiéramos de acuerdo _____

192. Transformar según el modelo.

Ejemplo: Cuando se le pidió una explicación, se puso como un energúmeno.
→ *Al pedirle una explicación, se puso como un energúmeno.*

1. Cuando supo de qué iba la película, cambió de canal.
   → _____
2. Cuando le tocó a él, ya no le pareció tan divertido.
   → _____
3. Cuando los vio, los puso al día.
   → _____
4. Cuando se salió con la suya, se quedó tranquilo.
   → _____
5. Cuando nos vio, se hizo el loco.
   → _____
6. Cuando me enteré de la noticia, me quedé boquiabierto.
   → _____
7. Cuando descubrió la verdad, se quedó de piedra.
   → _____
8. Cuando cogió el teléfono, se puso a gritar.
   → _____

193. Tachar la respuesta incorrecta.

Ejemplo: El producto es **tan / ~~tanto~~** caro que casi nadie puede comprarlo.

1. Está *tan / tanto* a gusto que ni él mismo se lo cree.
2. Hay *tan / tanto* coche que es imposible aparcar.
3. Viajan *tan / tanto* que es imposible quedar con ellos.
4. El postre es *tan / tanto* rico que repetiría.
5. Abusaron *tan / tanto* que acabaron cansándose de ellos.
6. Hablaba *tan / tanto* alto que todo el mundo le miraba.
7. Voy *tan / tanto* cine que al final me compré un pase anual.
8. Estaba *tan / tanto* cansado que preferí quedarme en casa.

194. Conjugar los verbos entre paréntesis en 3ª persona de singular, según el modelo.

Ejemplo: Por más que (protestar) **proteste**, nadie le (hacer) **hará** caso.

1. Por más que (insistir) _____ nada (cambiar) _____
2. Por más que (pedir) _____ nadie le (dar) _____ nada.
3. Por más que (preguntar) _____ nadie le (contestar) _____

4. Por más que lo (contar) _____ nadie le (creer) _____
5. Por más veces que lo (oír) _____ no (entender) ni una palabra.
6. Por más vueltas que le (dar) _____ no (encontrar) _____ la solución.
7. Por más dinero que (ganar) _____ nunca (estar) _____ contento.
8. Por más cambios que (hacer) _____ todo (seguir) _____ igual.

195. Cambiar el ejercicio anterior según el modelo.

Ejemplo: *Por más que protesta, nadie le hace caso.*

1. _____
2. _____
3. _____
4. _____
5. _____
6. _____
7. _____
8. _____

196. Transformar según el modelo.

Ejemplo: Incluso equivocándose quiere tener razón.
→ *Incluso si se equivoca quiere tener razón.*

1. Incluso siendo discreto, llama la atención.
→ _____

2. Incluso yendo a pie, no te lleva más de 10 minutos.
→ _____

3. Incluso hablando bajo, se oye lo que dicen.
→ _____

4. Incluso teniendo mucho trabajo, no se queja.
→ _____

5. Incluso haciendo calor, es soportable.
→ _____

6. Incluso nevando, se puede acceder.
→ _____

7. Incluso lloviendo, no te mojas.
→ _____

8. Incluso granizando, sale a dar un paseo.
→ _____

197. Contestar según el modelo.

Ejemplo: Han dicho que salgamos. → *A pesar de que lo hayan dicho, no salgáis.*

1. Ha dicho que me queje.
   → _____
2. Nos han aconsejado que escribamos una carta de protesta.
   → _____
3. Me ha pedido que cuente todo.
   → _____
4. Me han recomendado que pague.
   → _____
5. Nos han dicho que invirtamos dinero.
   → _____
6. Me ha propuesto que me una a ellos.
   → _____
7. Nos ha pedido que le dejemos dinero.
   → _____
8. Nos han aconsejado que nos marchemos.
   → _____

198. Completar según el modelo.

Ejemplo: Ha contestado *y eso que le dije que no contestara.*

1. Ha llamado _____
2. Ha insistido _____
3. Ha ido _____
4. Ha conducido _____
5. Ha vuelto _____
6. Ha bebido _____
7. Ha construido _____
8. Ha seguido _____

199. Contestar a la pregunta según el modelo.

Ejemplo: ¿A qué vienes? / hacer las paces → *Vengo a que hagamos las paces.*

1. ¿A qué vienes? / ponerse de acuerdo
   → _____
2. ¿A qué vienes? / hablar tranquilamente
   → _____

3. ¿A qué vienes? / tener una conversación
   → _____

4. ¿A qué vienes? / solucionar los problemas
   → _____

5. ¿A qué vienes? / conocerse mejor
   → _____

6. ¿A qué vienes? / aparcar nuestras diferencias
   → _____

7. ¿A qué vienes? / decirse todo a la cara
   → _____

8. ¿A qué vienes? / ser francos el uno con el otro
   → _____

REPASO

200. Tachar la respuesta incorrecta.

Pista 18

Ha mentido *tan / tanto* que por más que *insiste / insista* nadie le creerá. Ha cambiado *tan / tantas* veces la versión de los hechos que incluso si ahora dice la verdad, su opinión ya no tiene ningún valor. Y eso que le dijimos que no *era / fuera* tonto y que *decía / dijera* la verdad desde el principio. La última vez que lo vi, yo iba a que *graduar / me graduaran* las gafas y él iba a *hacerse / le hicieran* un chequeo. Al *preguntarle / le pregunté* por cómo estaba, me contestó que bien. Quedamos en llamarnos y hasta hoy.

SOLUCIONES

Capítulo 1

Ejercicio 1: *Tachar:* 1. papa / Iglesia Católica - 2. Mezquitas - 3. república - 4. Monarquía - 5. tierra / sol - 6. Tierra - 7. san - 8. sol

Ejercicio 2: 1. El - 2. La - 3. ø - 4. El - 5. ø - 6. Los - 7. El - 8. ø

Ejercicio 3: *Tachar:* 1. Los - 2. La - 3. El - 4. El - 5. Una - 6. una - 7. un - 8. Los

Ejercicio 4: 1. d - 2. c - 3. a - 4. b - 5. g - 6. h - 7. e - 8. f

Ejercicio 5: 1. princesa - 2. reina - 3. emperatriz - 4. baronesa - 5. actriz - 6. alcaldesa - 7. heroína - 8. poetisa

Ejercicio 6: 1. vermús - 2 tutús - 3. jabalíes - 4. bisturíes - 5. champús - 6. maniquíes - 7. interviús - 8. hindúes

Ejercicio 7: 1. daneses - 2. crisis - 3. virus - 4. autobuses - 5. tesis - 6. países - 7. compases - 8. faringitis

Ejercicio 8: 1. Es la dependienta. - 2. Es la comercial. - 3. Es la viajante. - 4. Es la clienta. - 5. Es la conserje. - 6. Es la teniente. - 7. Es la sastra. - 8. Es la jefa.

Ejercicio 9: *Tachar:* 1. ø - 2. ø - 3. comestible - 4. ojera - 5. ø - 6. ø - 7. espagueti - 8. gafa

Repaso 10: *Tachar:* sol - tierra - Mar - Aire - luna - Estrellas - universo - Tierra - Agua - Aire - Fuego - Griegos - tierra - Romanos - imperio romano - edad media - renacimiento

Ejercicio 11: 1. antipático - 2. inmaduro - 3. inútil - 4. innecesario - 5. inolvidable - 6. descubierto - 7. inmoral - 8. atípico

Ejercicio 12: 1. irreal - 2. aconfesional - 3. inviable - 4. anormal - 5. despreciado - 6. incorrecto - 7. irresponsable - 8. incómoda.

Ejercicio 13: 1. verdoso - 2. rojizo - 3. grisáceo - 4. negruzco - 5. rosado - 6. azulado - 7. amarillento - 8. blancuzco

Ejercicio 14: 1. ...ganador - 2. ...perdedor - 3. ...dudoso - 4. ...exigente - 5. ...dominador - 6. ...participante - 7. ...sudoroso - 8. ...sonriente

Ejercicio 15: 1. ¡Qué dormilón es! - 2. ¡Qué protestón es! - 3.¡Qué comprador es! - 4 ¡Qué gastador es! - 5. ¡Qué ahorrador es! - 6. ¡Qué criticador es! - 7. ¡Qué gruñón es! - 8. ¡Qué quejica es!

Ejercicio 16: 1. hipócrita - 2. cosmopolita - 3. apátrida - 4. déspota - 5. ácrata - 6. homicida - 7. laxista - 8. marxista

Ejercicio 17: *Tachar:* 1. amigo único - 2. único amigo - 3. hombre grande - 4. gran hombre - 5. viejo hombre - 6. coche nuevo - 7. nuevo coche - 8. hombre pobre

Ejercicio 18: 1. Tiene una suspensión hidráulica magnífica / magnífica suspensión hidráulica. - 2. Fue un mes invernal frío / frío mes invernal. - 3. Se viajará en aviones supersónicos grandes / en grandes aviones supersónicos. - 4. Se hará publicidad con carteles callejeros enormes / con enormes carteles callejeros. - 5. Habrá ofertas laborales magníficas / magníficas ofertas laborales. - 6. Se utilizarán recursos humanos numerosos / numerosos recursos humanos. - 7. Producirán modelos automovilísticos nuevos / nuevos modelos automovilísticos. - 8. Se establecerán relaciones diplomáticas amigables / amigables relaciones diplomáticas

Ejercicio 19: 1. pero era menor de lo que habían dicho. - 2. pero era más aburrida de lo que decían. - 3. pero había más cola de la que dijo. - 4. pero hay más texto de lo que dicen. - 5. pero es mejor actor de lo que se dice. - 6. pero tiene peor dicción de lo que dicen. - 7. pero era más difícil de lo que nos dijeron. - 8. pero eran más caras de lo que decían.

Repaso 20: exigente - incompetente - incoherente - simpático - educado - generoso - desconfiado - pedante - irracional

Capítulo 2

Ejercicio 21: 1. Lo peor es quedarse con los brazos cruzados. - 2. Lo fácil es no hacer nada. - 3. Lo difícil es comprometerse. - 4. Lo interesante será verlo en acción. - 5. Lo extraño fue su modo de actuar. - 6. Lo complicado sería establecer contacto. - 7. Lo increíble era el control de sí mismo. - 8. Lo importante es su contribución.

Ejercicio 22: 1. Lo de la semana pasada fue alucinante. - 2. Lo de Javier fue para alucinar. - 3. Lo del viaje fue una odisea. - 4. Lo de la maleta fue un número. - 5. Lo de anoche fue para no creer. - 6. Lo de Paula fue incomprensible. - 7. Lo del dinero fue un misterio. - 8. Lo de la reserva fue genial.

Ejercicio 23: *Tachar* 1. El para qué - 2. El cuándo - 3. El para qué - 4. El por qué - 5. El cómo - 6. El dónde - 7. El cómo - 8. El cuándo

Ejercicio 24: 1. La que mejores aptitudes tenga será elegida. - 2. Los que más registros tengan serán seleccionados. - 3. Las que peor audiencia tengan serán descartadas. - 4. El que menos aforo tenga será eliminado. - 5. Las que mejor visibilidad tengan serán sorteadas. - 6. Los que mayor tirada tengan serán invitados. - 7. La que mejor acústica tenga será escogida. - 8. El que más talento tenga será promocionado.

Ejercicio 25: 1. Lo más cómodo es el taxi. - 2. Lo más seguro es el avión. - 3. Lo más ruidoso una playa en verano. - 4. Lo más tranquilo la alta montaña. - 5. Lo más sociable el juego infantil. - 6. Lo más competitivo el deporte. - 7. Lo más caliente la lana de cachemir. - 8. Lo más fresco el lino.

Ejercicio 26: 1.¿Has visto lo calculada que fue la intervención? - 2. ¿Has visto lo acertada que fue la respuesta? - 3. ¿Has visto lo estudiados que fueron los criterios de selección? - 4. ¿Has visto lo oportuno que fue el artículo de prensa? - 5. ¿Has visto lo aleatorias que fueron las decisiones? - 6. ¿Has visto lo largos que fueron los debates? - 7. ¿Has visto lo diversas que fueron las opiniones? - 8. ¿Has visto lo diplomáticos que fueron los miembros del jurado?

Ejercicio 27: 1. ¡Tiene unos ojos! - 2. ¡Tiene un tipo! - 3. ¡Tiene unas orejas! - 4. ¡Tiene una labia! - 5. ¡Tiene una facilidad de palabra! - 6. ¡Tiene unos modales! - 7. ¡Tiene una genética! - 8. ¡Tiene unas deudas!

Ejercicio 28: 1. Es un optimista. - 2. Es un intransigente. - 3. Es un entusiasta. - 4. Es un impuntual. - 5. Es un amigo. - 6. Es un impaciente. - 7. Es un atrevido. - 8. Es un ignorante.

Ejercicio 29:	1. Hoy hace un sol radiante. - 2. Hoy hace un calor agobiante. - 3. Hoy hace un frío glacial. - 4. Hoy es un lunes festivo. - 5. Hoy hay una contaminación fuerte. - 6. Hoy hay un tráfico impresionante. - 7. Hoy hay una niebla densa. - 8. Hoy es un día laboral normal.
Ejercicio 30:	1. Sí, tengo una cerveza muy buena. - 2. Sí, tengo un vino muy malo. - 3. Sí, tengo un té poco amargo. - 4. Sí, tengo un café muy suave. - 5. Sí, tengo un zumo de pomelo natural. - 6. Sí, tengo un gazpacho casero. - 7. Sí, tengo una sopa de bote. - 8. Sí, tengo una gaseosa con poco gas.
Ejercicio 31:	1. ¿Tenéis clases muy temprano hoy? - 2. ¿Tenéis cosas que hacer hoy? - 3. ¿Tenéis preguntas? - 4. ¿Tenéis cenas esta semana? - 5. ¿Tenéis espectáculos este mes? - 6. ¿Tenéis temas que tratar? - 7. ¿Tenéis decisiones que tomar? - 8. ¿Tenéis encargos que hacerme?
Ejercicio 32:	1. ø - 2. un - 3. un - 4. un - 5. ø - 6. una - 7. ø - 8. ø
Ejercicio 33:	1. e - 2. a - 3. h - 4. b - 5. g - 6. c - 7. f - 8. d
Ejercicio 34:	1. ø - 2. una - 3. un - 4. ø - 5. ø - 6. un - 7. un - 8. ø
Ejercicio 35:	1. ¡Me dan una sed los frutos secos! - 2. ¡Me dan un asco las moscas! - 3. ¡Me dan un miedo las serpientes! - 4. ¡Me dan un vértigo las alturas! - 5. ¡Me dan unos mareos últimamente! - 6. ¡Me da una vergüenza pedir algo! - 7. ¡Me da una pena su situación! - 8. ¡Me da un no sé qué llamarle!
Ejercicio 36:	1. Siempre crea un problema. - 2. Siempre hace una tontería. - 3. Siempre pone una pega. - 4. Siempre tiene un detalle conmigo. - 5. Siempre hace una reserva. - 6. Siempre recibe una invitación. - 7. Siempre dice una mentira. - 8. Siempre tiene un buen precio.
Ejercicio 37:	*Tachar:* 1. Un - 2. el - 3. la - 4. un - 5. uno - 6. Uno - 7. la - 8. el
Ejercicio 38:	1. Lo - 2. una - 3. una - 4. Lo - 5. La - 6. el - 7. un - 8. un
Repaso 39:	ø - ø - ø - ø - un - ø - un - la - lo - lo - el - los - la - El - la - la - los - El - ø - ø - lo - ø

Capítulo 3

Ejercicio 40:	1. No lo parece. - 2. Lo es. - 3. No lo es. - 4. Nunca lo está. - 5. Lo fue. - 6. Lo es. - 7. Lo eran. - 8. Lo fueron.
Ejercicio 41:	1. Sí, lo estamos. - 2. Sí, lo es. - 3. Sí, lo somos. - 4. Sí, lo estoy. - 5. Sí, lo soy. - 6. Sí, lo estoy. - 7. Sí, lo son. - 8. Sí, lo están.
Ejercicio 42:	1. Lo difícil es mantenerse. - 2. Lo complicado es ponerse de acuerdo. - 3. Lo rentable es invertir en pintura. - 4. Lo cómodo es decir siempre que sí. - 5. Lo divertido fue subir en funicular. - 6. Lo agradable era darse un chapuzón en el mar. - 7. Lo raro es que no haya llamado. - 8. Lo extraño es que no dé señales de vida.
Ejercicio 43:	1. Lo suyo fue de fábula. - 2. Lo suyo fue divertidísimo. - 3. Lo tuyo fue increíble. - 4. Lo mío fue para no creérselo. - 5. Lo nuestro fue de novela. - 6. Lo vuestro fue para contarlo. - 7. Lo suyo fue de cine. - 8. Lo suyo fue de película.
Ejercicio 45:	1. Lo de Ana es pereza. - 2. Lo de mis compañeros es mala suerte. - 3. Lo de nuestra amiga es largo de contar. - 4. Lo del coche es la dirección. - 5. Lo de las

bicicletas es fácil de arreglar. - 6. Lo de su perro es de película. - 7. Lo de la planta es falta de agua. - 8. Lo de mi compañero es falta de confianza.

Ejercicio 45: 1. Lo ocurrido es de juzgado de guardia. - 2. Lo impreso no tiene ni pies ni cabeza. - 3. Lo firmado no tiene ningún sentido. - 4. Lo publicado es una idiotez. - 5. Lo dicho no sirvió de nada. - 6. Lo prometido no se cumplió. - 7. Lo hecho no tiene vuelta atrás. - 8. Lo descubierto no se publicó.

Ejercicio 46: 1. Casi no lo utilizamos. - 2. Ya la hemos avisado. - 3. Normalmente le invitamos los domingos. - 4. Acabo de verle en la calle. - 5. Voy a llamarle ahora mismo. - 6. ¿Lo tienes tú? - 7. Por fin, Ana la ha conseguido. - 8. Le estáis molestando.

Ejercicio 47: 1. Los árboles aún no los han podado. - 2. El seto ya lo cortaron. - 3. Algunas hortensias las hemos plantado en el jardín. - 4. La buganvilla la han sacado de la pared. - 5. Las malas hierbas las hemos arrancado. - 6. Uno de los cerezos lo hemos cortado. - 7. Todas las cerezas las comieron los pájaros. - 8. Algunas rosas las he cogido esta mañana.

Ejercicio 48: *Tachar:* 1. lo - 2. ø - 3. ø - 4. ø - 5. lo - 6. le - 7. ø - 8. lo

Ejercicio 49: 1. Ponérselo a escribir. / Ponerse a escribirlo. - 2. Ponérsela a recitar. / Ponerse a recitarla. - 3. Ponérselas a traducir. / Ponerse a traducirlas. - 4. Ponérselos a coleccionar. / Ponerse a coleccionarlos. - 5. Ponérsela a observar. / Ponerse a observarla. - 6. Ponérselo a tomar. / Ponerse a tomarlo. - 7. Ponérselos a hacer. / Ponerse a hacerlos. - 8. Ponérselas a mandar. / Ponerse a mandarlas.

Ejercicio 50: 1. Se ha puesto a escribirlo. - 2. Se ha puesto a recitarla. - 3. Se ha puesto a traducirlas. - 4. Se ha puesto a coleccionarlos. - 5. Se ha puesto a observarla. - 6. Se ha puesto a tomarlo. - 7. Se ha puesto a hacerlos. - 8. Se ha puesto a mandarlas.

Ejercicio 51: 1. A mí nunca me dejan hacerlo. / A mí nunca me lo dejan hacer. - 2. A ti casi nunca te dejan abrirla. / A ti casi nunca te la dejan abrir. - 3. A él casi siempre le dejan decirla. / A él casi siempre se la dejan decir. - 4. A ellos a veces les dejan decirlas. / A ellos a veces se las dejan decir. - 5. A nosotros no nos dejan cambiarlos. / A nosotros no nos los dejan cambiar. - 6. A ustedes les dejan darla de vez en cuando. / A ustedes se la dejan dar de vez en cuando. - 7. A usted no siempre le dejan ponerla. / A usted no siempre se la dejan poner. - 8. A mí sí me dejan llevarla. / A mí sí me la dejan llevar.

Ejercicio 52: 1. Sí, nos las ha permitido ver. / Sí, nos ha permitido verlas. - 2. Sí, se lo ha dejado usar. / Sí, le ha dejado usarlo. - 3. Sí, se la ha dejado hacer. / Sí, le ha dejado hacerla. - 4. Sí, me los ha permitido cambiar. / Sí, me ha permitido cambiarlos. - 5. Sí, nos las ha permitido utilizar. / Sí, nos ha permitido utilizarlas. - 6. Sí, me lo ha dejado cobrar / Sí, me ha dejado cobrarlo. - 7. Sí, se las ha dejado vender. / Sí, les ha dejado venderlas. - 8. Sí, se la ha permitido comprar. / Sí, le ha permitido comprarla.

Ejercicio 53: 1. Juan toca el piano. - 2. A Juan nunca le toca la lotería. - 3. A Juan le toca jugar. - 4. A Juan le trae sin cuidado. - 5. Juan trae los refrescos. - 6. Juan lleva el coche. - 7. A Juan le lleva poco tiempo venir andando. - 8. A Juan le viene muy bien ese dinero.

Ejercicio 54: *Tachar:* 1. ti - 2. yo - 3. yo - 4. tú - 5. ti / mí - 6. tú - 7. yo - 8. yo

Ejercicio 55: 1. Se lo hizo. - 2. Se hizo un silencio. - 3. Se nubló el sol. - 4. Se lo puso. - 5. Se produjo un accidente. - 6. Se cortó el tráfico. - 7. Se la aprendió. - 8. Se las pusieron.

Ejercicio 56: 1. se me cierran - 2. Se está - 3. se le hace - 4. se me cae - 5. se pone - 6. se me da - 7. se salió - 8. se le corrió

Ejercicio 57: 1. Se me ha perdido el carnet. - 2. Se nos ha olvidado la cita. - 3. Se me han mojado las páginas del libro. - 4. Se nos ha estropeado la cerradura. - 5. Se me ha quemado la camisa al plancharla. - 6. Se nos ha acabado el tiempo. - 7. Se me ha manchado el pantalón. - 8. Se nos han arrugado los trajes.

Ejercicio 58: 1. Nunca les consiente desmoralizarse. / Nunca se lo consiente. - 2. Siempre nos dejan tomarlas. / Siempre nos las dejan tomar. - 3. A veces no me dejan tomarlo. / A veces no me lo dejan tomar. - 4. Casi nunca nos permiten relajarnos. / Casi nunca nos lo permiten. - 5. Casi siempre me deja leerlos. / Casi siempre me los deja leer. - 6. No me deja corregirlas. / No me las deja corregir. - 7. No le permite decirlas. / No se las permite decir. - 8. No nos consiente hacerlas. / No nos las consiente hacer.

Repaso 59: se - Se lo - le - se - se lo - lo - le - se lo - le - se lo - le - se

Capítulo 4

Ejercicio 60: 1. Yo, que no quería, lo hice. - 2. Ellos, que no estaban de acuerdo, aceptaron el resultado. - 3. Tú, que estabas presente, no te enteraste de nada. - 4. Él, que no vio nada, dio su opinión sobre todo. 5. Yo, que no como mucho, engordo. - 6. Ellos, que no llaman nunca a nadie, se quejan de que no los llaman. - 7. Tú, que no haces nada en todo el día, siempre estás cansado. - 8. Yo/Él, que no estudiaba mucho, aprobaba siempre.

Ejercicio 61: 1. Estas son las respuestas de las que me siento bastante satisfecho. - 2. Ese es el tipo de comentario del que no estoy muy orgulloso. - 3. Es una persona honesta de la que nunca desconfié. - 4. Son hombres sabios de los que siempre aprendes algo. - 5. Esos son comentarios negativos de los que no hay que hacer caso. - 6. Esas son críticas positivas de las que siempre se saca algo. - 7. Esa es una decisión de última hora de la que no hay que esperar nada bueno. - 8. Ese es un acto privado del que no tenemos constancia.

Ejercicio 62: 1. Hay mantas en el armario para la que tenga frío. - 2. Hay agua mineral para el que no le gusten los refrescos. - 3. Hay juegos de sociedad para los que se aburran. - 4. Hay otras alternativas para las que se cansen. - 5. Hay otras fechas disponibles para el que le venga mal. - 6. Hay itinerarios impresos para los que no sepan cómo llegar. - 7. Hay sanciones para las que no respeten las reglas. - 8. Hay manuales para la que no conozca las reglas.

Ejercicio 63: 1. No, la que la interpretó fue Victoria Abril. - 2. No, las que lo reclamaron fueron las sufragistas. - 3. No, el que lo pintó fue Cézanne. - 4. No, los que la rodaron fueron los hermanos Cohen. - 5. No, la que la dirigió fue Sofía Coppola. - 6. No, los que la compusieron fueron los Rollings Stones. - 7. No, el que la escribió fue Gabriel García Márquez. - 8. No, las que la cantaron fueron las Spice Girls.

Ejercicio 64: 1. No, quien la interpretó fue Victoria Abril. - 2. No, quienes lo reclamaron fueron las sufragistas. - 3. No, quien lo pintó fue Cézanne. - 4. No, quienes la rodaron fueron los hermanos Cohen. - 5. No, quien la dirigió fue Sofía Coppola. - 6. No, quienes la compusieron fueron los Rollings Stones. - 7. No, quien la escribió fue Gabriel García Márquez. - 8. No, quienes la cantaron fueron las Spice Girls.

Ejercicio 65:	1. de la que - 2. que - 3. que - 4. del que - 5. de las que - 6. que - 7. que - 8. de los que
Ejercicio 66:	1. del que - 2. de la que - 3. que - 4. de los que - 5. que - 6. de la que - 7. de la que - 8. que
Ejercicio 67:	1. donde - 2. cuando - 3. como - 4. donde - 5. cuando - 6. como - 7. donde / adonde - 8. cuando
Ejercicio 68:	1. Lo haremos como tú digas. - 2. Quedaremos cuando tú quieras. - 3. Nos veremos donde tú elijas. - 4. Nos alojaremos (en) donde tú prefieras. - 5. Sucedió todo cuando tenía que suceder. - 6. Dijo todo como había que decirlo. - 7. Hizo todo cuando había que hacerlo. - 8. Puso todo (en) donde había que ponerlo.
Ejercicio 69:	1. cuya - 2. cuyas - 3. cuyo - 4. cuyos - 5. cuyos - 6. cuyas - 7. cuya - 8 cuyo
Ejercicio 70:	1. Prefiero los hoteles cuyo mobiliario sea moderno. -2. Prefiero los restaurantes cuya comida sea casera. - 3. Prefiero las ciudades cuyas ofertas culturales sean atractivas. - 4. Prefiero a la gente cuyo sentido del humor sea provocador. - 5. Prefiero los coches cuyos maleteros sean grandes. - 6. Prefiero los zapatos cuya suela sea de goma. - 7. Prefiero los países cuyos medios de transporte sean públicos. - 8. Prefiero a las personas cuyas personalidades sean diferentes de la mía.
Repaso 71:	que - quien - de la que - los que / quienes - cuya

Capítulo 5

Ejercicio 72:	1. ¿Que has visto a quién? - 2. ¿Que la has visto (en) donde? - 3. ¿Que llevaba puesto qué? - 4. ¿Que estaba presentando qué? - 5. ¿Que fue adónde? - 6. ¿Que dijo que le gustaba quién? - 7. ¿Que dijo que se iba a instalar (en) dónde? - 8. ¿Que iba a tomar qué?
Ejercicio 73:	1. ¿Quién no sabe hacerlo? - 2. ¿Quién no lo tiene claro? - 3. ¿Quién va por libre? - 4. ¿Quién se encarga del papeleo? - 5. ¿Quién sale ganando con esto? - 6. ¿Quién saca algo en limpio de todo esto? - 7. ¿Quién dice algo más interesante? - 8. ¿Quién pone más interés?
Ejercicio 74:	1. ¿Cuándo nos vamos a dónde? - 2. ¿Cómo hago qué? - 3. ¿Dónde hay que darle a qué? - 4. ¿Cuándo tenemos que avisar a quién? - 5. ¿Dónde quedé con quién? - 6. ¿Cómo vamos a ir a dónde? - 7. ¿Cuándo hay que devolver qué? - 8. ¿Dónde pienso ir cuándo?
Ejercicio 75:	1. Dónde - 2. Adónde - 3. Adónde - 4. Dónde - 5. Adónde - 6. Adónde - 7. Dónde - 8. Dónde
Ejercicio 76:	1. ¡Cuánto bocazas hay! - 2. ¡Cuántas estupideces se dicen! - 3. ¡Cuánto tiempo perdido! - 4. ¡Cuánta energía malgastada! - 5. ¡Cuántas frases vacías! - 6. ¡Cuánta pretensión! - 7. ¡Cuántos pesados! - 8. ¡Cuánto ruido para nada!
Ejercicio 77:	1. ¡Cuántas ideas tienen! - 2. ¡Cuánto hacen por los excluidos! - 3. ¡Cuánto ponen de su parte! - 4. ¡Cuántos alojamientos hay para los sin techo! - 5. ¡Cuánta energía dedican a la acción social! - 6. ¡Cuántas propuestas hacen para mejorar los servicios! - 7. ¡Cuánto se preocupan por la infancia! - 8. ¡Cuánto cuidan a los enfermos!

Ejercicio 78: 1. ¡Cuántas cosas interesantes dicen! - 2. ¡Qué poco confían en ellos mismos! - 3. ¡Cuánto piensan en los demás! - 4. ¡Qué pocas dudas tienen! - 5. ¡Cuánto progresan! - 6. ¡Qué poco discuten! - 7. ¡Cuánta inestabilidad generan! - 8. ¡Qué pocos comunicados de prensa emiten!

Ejercicio 79: 1. ¡Cuántas canciones! - 2. ¡Cómo canta! - 3. ¡Cuántos libros! - 4. ¡Cómo escribe! - 5. ¡Cuántos cuadros! - 6. ¡Cómo pinta! - 7. ¡Cuántos dibujos! - 8. ¡Cómo dibuja!

Ejercicio 80: 1. ¡Qué bien que se ocupe de todo! - 2. ¡Qué bien que no se olvide de nada! - 3. ¡Qué bien que tenga de todo! - 4. ¡Qué bien que no carezca de nada! - 5. ¡Qué bien que haga de todo! - 6. ¡Qué bien que no se queje de nada! - 7. ¡Qué bien que sepa todo de memoria! - 8. ¿Qué bien que nunca diga nada desagradable!

Repaso 81: Cuántos - Qué - cómo - Adónde - cuándo - Qué - cuántos

Capítulo 6

Ejercicio 82: 1. inmediatamente - 2. improvisadamente - 3. reiterativamente - 4. instantáneamente - 5. repentinamente - 6. continuamente - 7. decisivamente - 8. simultáneamente

Ejercicio 83: a - c - d - g

Ejercicio 84: a - b - e - h

Ejercicio 85: 1. Lo hizo gustosamente. - 2. Contestó tranquilamente. - 3. Reaccionó nerviosamente. - 4. Se defendió valientemente. - 5. Se expresó dolorosamente. - 6. Habló claramente. - 7. Condujo prudentemente. - 8. Se comportó educadamente.

Ejercicio 86: 1. Es tristemente célebre. - 2. Personalmente estoy a favor. - 3. Es mundialmente conocido. - 4. Desgraciadamente está mal. - 5. Lamentablemente es tarde. - 6. Está perfectamente bien. - 7. Es inmensamente feliz. - 8. Forzosamente es así.

Ejercicio 87: 1. Frecuentemente hacen el ridículo. - 2. Habitualmente llaman la atención por la calle. - 3. Normalmente la gente se queda con la boca abierta. - 4. Inevitablemente no pasan desapercibidos. - 5. Corrientemente van de un lado a otro. - 6. Lógicamente son polémicos. - 7. Irremediablemente hay reacciones. - 8. Incomprensiblemente tienen éxito.

Ejercicio 88: 1. ø - 2. posiblemente - 3. horriblemente - 4. ø - 5. ø - 6. agradablemente - 7. admirablemente - 8. ø

Ejercicio 89: 1. Está lejísimos. - 2. Está cerquísima. - 3. Es prontísimo. - 4. Es tempranísimo. - 5. Es poquísimo. - 6. Es muchísimo. - 7. Está clarísimo. - 8. Está segurísimo.

Ejercicio 90: 1. rapidísimamente - 2. comodísimamente - 3. educadísimamente - 4. lentísimamente - 5. facilísimamente - 6. agilísimamente - 7. amabilísimamente - 8. tranquilísimamente

Ejercicio 91: 1. difícilmente - 2. desgraciadamente - 3. continuamente - 4. repentinamente - 5. finalmente - 6. afortunadamente - 7. forzosamente - 8. fácilmente

Ejercicio 92: *Tachar:* 1. En particular - 2. En persona - 3. en concreto - 4. Por fin - 5. en definitiva - 6. en verdad - 7. en resumen - 8. en absoluto

Ejercicio 93: 1. realmente - 2. definitivamente - 3. personalmente - 4. afortunadamente - 5. casualmente - 6. absolutamente - 7. particularmente - 8. repentinamente

Ejercicio 94: 1. c - 2. d - 3. h - 4. f - 5. a - 6. g - 7. b - 8. e

Ejercicio 95: 1. Además - 2. Menos - 3. además - 4. Además - 5. menos - 6. Menos - 7. además - 8. menos

Ejercicio 96: *Tachar:* 1. Absolutamente - 2. verdaderamente - 3. justamente - 4. ligeramente - 5. a propósito - 6. absolutamente - 7. ligeramente - 8. totalmente

Ejercicio 97: 1. Me gustan todos, pero sobre todo el tenis. - 2. Le gustan todas, pero sobre todo la peruana. - 3. Nos gustan todos, pero sobre todo el policíaco. - 4. Nos gustan todos, pero sobre todo el algodón. - 5. Me gustan todos, pero sobre todo los gatos. - 6. Les gustan todos, pero sobre todo el de vanguardia. - 7. Le gustan todos, pero sobre todo el tren. - 8. Me gustan todas, pero sobre todo Twitter.

Ejercicio 98: 1. No solo es divertido, sino también buena persona. - 2. No solo es desagradable, sino también mala lengua. - 3. No solo es culta, sino también interesante. - 4. No solo es guapa, sino también elegante. - 5. No solo es celoso, sino también envidioso. - 6. No solo es aburrida, sino también pesada. - 7. No solo es tonto, sino también atrevido. - 8. No solo es paleto, sino también hortera.

Ejercicio 99: 1. No es generoso sino, al contrario, tacaño. - 2. No es prudente sino, al contario, atrevido. - 3. No es orgulloso sino, al contrario, modesto. - 4. No es callado sino, al contrario, hablador. - 5. No es tonto sino, al contrario, inteligente. - 6. No es desinteresado sino, al contrario, interesado. - 7. No es mala persona sino, al contrario, buena persona. - 8. No es educado sino, al contrario, maleducado.

Repaso 100: tranquilamente - puntualmente - eficazmente - prudentemente - fácilmente - amablemente - inmediatamente - maravillosamente

Capítulo 7

Ejercicio 101: 1. d - 2. f - 3. a / c - 4. a / c - 5. e - 6. f - 7. b - 8. a / c

Ejercicio 102: 1. b - 2. e - 3. f - 4. a / c - 5. a / c - 6. d - 7. a / c - 8. f

Ejercicio 103: 1. Ojalá cerrasen. - 2. Ojalá recordases. - 3. Ojalá acabásemos. - 4. Ojalá aguantaseis. - 5. Ojalá bajase. - 6. Ojalá se acordasen. - 7. Ojalá nos bañásemos. - 8. Ojalá os equivocaseis.

Ejercicio 104: 1. encendieran / encendiesen - 2. corrieras / corrieses - 3. perdiéramos / perdiésemos - 4. entendierais / entendieseis - 5. escribiera / escribiese - 6. recibieran / recibiesen - 7. subiera / subiese - 8. descubriera / descubriese

Ejercicio 105: 1. Esperaba que comprendieran la situación. - 2. Esperaba que os reconciliarais. - 3. Esperaba que no lloviera de esta manera. - 4. Esperaba que lo pasáramos bien. - 5. Esperaba que no me doliera tanto. - 6. Esperaba que saliera todo bien. 7. Esperaba que recibieras alguna ayuda. - 8. Esperaba que llegáramos a un acuerdo.

Ejercicio 106: 1. Esperaba que no lo tomase mal. - 2. Esperaba que os tranquilizaseis. - 3. Esperaba que nos calmásemos un poco. - 4. Esperaba que se reuniesen rápidamente. - 5. Esperaba que nos viésemos pronto. - 6. Esperaba que te gustase el regalo. - 7. Esperaba que te decidieses pronto. - 8. Esperaba que no suprimiesen ningún puesto.

Ejercicio 107: 1. Les aconsejó que no se confiaran. - 2. Me aconsejó que no me inscribiera. - 3. Nos aconsejó que no nos fiáramos. - 4. Te aconsejó que no cantaras victoria. - 5. Os aconsejó que cogierais una guía. - 6. Le aconsejó que volviera a intentarlo. - 7. Me aconsejó que lo pensara dos veces. - 8. Nos aconsejó que escogiéramos bien.

Ejercicio 108: 1. gustara - 2. se enteraran - 3. insistierais - 4. conocieras - 5. se callara - 6. criticaran - 7. reflexionaras - 8. se olvidara

Ejercicio 109: 1. Si me quedara bien, lo compraría. - 2. Si viviéramos aquí, nos veríamos más. - 3. Si reconocieran sus errores, habría algún diálogo. - 4. Si os quejarais lo suficiente, recibiríais ayuda. - 5. Si te disculparas, se arreglarían las cosas. - 6. Si lo colgara en la red, nos enteraríamos rápidamente. - 7. Si me doliera mucho, iría al médico. - 8. Si me lo devolviera, le prestaría dinero.

Ejercicio 110: 1. siguiera/siguiese - 2. repitiera/repitiese - 3. viniera/viniese - 4. distribuyera/distribuyese - 5. contribuyera/contribuyese - 6. tradujera/tradujese - 7. durmiera/durmiese - 8. pudiera/pudiese

Ejercicio 111: 1. construyeran - 2. pudiera - 3. vinieras - 4. se rieran - 5. leyeran - 6. huyeran - 7. vistieran - 8. sirvieran

Ejercicio 112: 1. dijeron/dijera - 2. tuvieron/tuviera - 3. estuvieron/estuviera - 4. fueron/fuera - 5. quisieron/quisiera - 6. supieron/supiera - 7. pusieron/pusiera - 8. trajeron/trajera

Ejercicio 113: 1. Quizá lo hicieran. - 2. Quizá lo tuvieras. - 3. Quizá lo quisiéramos. - 4. Quizá lo trajera. - 5. Quizá lo dijeran. - 6. Quizá estuviera allí. - 7. Quizá fuéramos. - 8. Quizá fuera eso.

Ejercicio 114: 1. Avisarían si tuvieran retraso. - 2. Avisarían si no pudieran venir. - 3. Avisarían si estuvieran ocupados. - 4. Avisarían si hiciera mal tiempo. - 5. Avisarían si fuera un problema. - 6. Avisarían si vinieran antes. - 7. Avisarían si se sintieran mal. - 8. Avisarían si perdieran la conexión.

Ejercicio 115: 1. Si pidieran disculpas, les daría otra oportunidad. - 2. Si hicieras una reunión mañana, participaría. - 3. Si estuviera equivocado, cambiaría de opinión. - 4. Si organizarais una cita, os acompañaría. - 5. Si tradujeran el documento, corregiría la traducción. - 6. Si hubiera acuerdo, firmaría el contrato. - 7. Si se cambiaran las reglas, aceptaría. - 8. Si constituyerais una sociedad, trabajaría en ella.

Ejercicio 116: 1. Aunque pidiesen disculpas, no les daría otra oportunidad. - 2. Aunque hicieses una reunión mañana, no participaría. - 3. Aunque estuviese equivocado, no cambiaría de opinión. - 4. Aunque organizaseis una cita, no os acompañaría. - 5. Aunque tradujesen el documento, no corregiría la traducción. - 6. Aunque hubiese acuerdo, no firmaría el contrato. - 7. Aunque se cambiasen las reglas, no aceptaría. - 8. Aunque constituyeseis una sociedad, no trabajaría en ella.

Ejercicio 117: 1. Dijo que tuvierais cuidado cuando cruzaseis. - 2. Dijo que volviéramos cuando quisiésemos. - 3. Dijo que fueras puntual cuando fueses a la cita. - 4. Dijo que hablara cuando tuviese algo que decir. - 5. Dijo que cerrarais con llave cuando salieseis. - 6. Dijo que no pagáramos cuando consumiésemos. - 7. Dijo que sacaras al perro cuando llegases. - 8. Dijo que diera un saludo a Juan cuando lo viese.

Ejercicio 118: 1. Llamé para que tuvieran más información. - 2. Llamé para que no te preocuparas. - 3. Llamé para que consiguierais una cita. - 4. Llamé para que usted fuera el primero de la lista. - 5. Llamé para que nos fuéramos tranquilamente. - 6. Llamé para que te enteraras de todo. - 7. Llamé para que os rierais un poco. - 8. Llamé para que ustedes comprobaran que todo va bien.

Ejercicio 119: 1. No me comentó que todo fuera genial. - 2. No me comentó que tuvieran malos rollos. - 3. No me comentó que quisiera cambiar de aires. - 4. No me comentó que pusierais muchos peros. - 5. No me comentó que pasara de todo. - 6. No me comentó que fueran de guapos. - 7. No me comentó que se enrollaran muy bien. - 8. No me comentó que te tiraras muchos faroles.

Ejercicio 120: 1. No creía que fuera para tanto. - 2. No creía que tuviera remedio. - 3. No creía que hubiera solución. - 4. No creía que estuviera bien de la cabeza. - 5. No creía que hiciera tanto tiempo. - 6. No creía que fuera a funcionar. - 7. No creía que se hablaran. - 8. No creía que quedaran opciones.

Repaso 121: tuviera - hiciera - pudiéramos - fuera - debiéramos - vieras - naciera - vinieras - volviera - conocieras - quisiera - dejaras - olvidaras - mandaras - dispusiera - fuéramos - fueras

Capítulo 8

Ejercicio 122: 1. No sé si hacerlo. - 2. No sé si decírselo. - 3. No sé si quedármelo. - 4. No sé si dároslo. - 5. No sé si llamarle. - 6. No sé si dejártela. - 7. No sé si tirarlo. - 8. No sé si ponérmelo.

Ejercicio 123: 1. Dicen no tener la mayoría. - 2. Dicen hablar en nombre de todos. - 3. Dicen ponerse de acuerdo antes. - 4. Dicen ser transparentes. - 5. Dicen no poderlo hacer. - 6. Dicen no esperar nada a cambio. - 7. Dicen venir con ánimo constructivo. - 8. Dicen sentirlo mucho.

Ejercicio 124: 1. Parece encontrarse bien. - 2. Parecen no divertirse. - 3. Parecen estarlo pasando bien. - 4. Parecen conocerse de toda la vida. - 5. Parece no creérselo mucho. - 6. Parece saber lo que quiere. - 7. Parecen ir en dirección contraria. - 8. Parecen arreglárselas solos.

Ejercicio 125: 1. Sí, dijeron haberlos cometido. - 2. Sí, dijeron haberla compuesto. - 3. Sí, dijeron haberla escrito. - 4. Sí, dijeron haberlo publicado. - 5. Sí, dijeron haberlo tenido. - 6. Sí, dijeron haberlos dado. - 7. Sí, dijeron no haberlo ganado. - 8. Sí, dijeron haberlo dejado.

Ejercicio 126: 1. Por haberse portado mal. - 2. Por no haber estudiado. - 3. Por no haber dormido suficiente. - 4. Por haberla presentado fuera de plazo. - 5. Por no haberla escrito correctamente. - 6. Por haber resuelto el problema. - 7. Por haberse metido en donde no le llaman. - 8. Por haberse salido con la suya.

Ejercicio 127: 1. Venga, a comer. - 2. Venga, a pasarlo bien. - 3. Venga, a dormir. - 4. Venga, a trabajar. - 5. Venga, a estudiar. - 6. Venga, a cenar. - 7. Venga, a merendar. - 8. Venga, a beber.

Ejercicio 128: 1. Pide ser respetado. - 2. Pedimos ser consultados. - 3. Piden ser perdonados. - 4. Pido ser tenido en cuenta. - 5. Pedimos ser informados de todo. - 6. Piden ser autorizados. - 7. Pide ser compensado en su justa medida. - 8. Pido ser avisado a tiempo.

Ejercicio 129: 1. Eso es bailar. - 2. Eso es conducir. - 3. Eso es actuar. - 4. Eso es recitar. - 5. Eso es escribir. - 6. Eso es dirigir. - 7. Eso es cocinar. - 8. Eso es jugar.

Repaso 130: ser - por haberse extralimitado - no haber hecho - ser escuchado - estar

Ejercicio 131: 1. saliendo - 2. subiendo - 3. bajando - 4. yendo - 5. pasando - 6. girando - 7. torciendo - 8. viniendo

Ejercicio 132: 1. Pues ya ves, leyendo. - 2. Pues ya ves, estudiando. - 3. Pues ya ves, descansando. - 4. Pues ya ves, trabajando. - 5. Pues ya ves, escribiendo. - 6. Pues ya ves, dibujando. - 7. Pues ya ves, durmiendo. - 8. Pues ya ves, lavando.

Ejercicio 133: 1. vistiéndome - 2. yendo - 3. observando - 4. arreglándonos - 5. comiéndome - 6. durmiendo - 7. redactando - 8. hablando

Ejercicio 134: 1. Pidiendo las cosas de esa manera, no obtendrá nada. - 2. No respetando a la gente, no conseguirá mucho. - 3. Siendo desagradable, no logrará gran cosa. - 4. Mostrándose altivo, no irá muy lejos. - 5. No comiendo frutas y verduras, tendrás problemas más tarde. - 6. Cuidando tu alimentación, tendrás mejor calidad de vida. - 7. Durmiendo correctamente, estarás en forma. - 8. Bebiendo alcohol de esa manera, envejecerás rápidamente.

Ejercicio 135: 1. Entraba en los sitios llamando la atención. - 2. Comía haciendo ruido. - 3. Hablaba de todo el mundo criticándolo. - 4. Iniciaba un diálogo poniendo trabas. - 5. Empezaba una conversación quejándose de todo. - 6. Conducía insultando a los otros conductores. - 7. Se dirigía a los otros saltándose toda norma de cortesía. - 8. Vivía imponiéndose por la fuerza.

Ejercicio 136: 1. Tengo todas las máquinas funcionando. - 2. Tengo todos los teléfonos sonando. - 3. Tengo las piernas temblando. - 4. Tengo el corazón latiéndome a cien por hora. - 5. Tengo la cabeza estallándome. - 6. Tengo a mis amigos quejándose. - 7. Tengo a mis perros protestando. - 8. Tengo a mis alumnos jugando en el patio.

Repaso 137: entregándolo - Entrando - Esperando - añadiendo - esperándome

Ejercicio 138: 1. reservados - 2. hecha - 3. puesto - 4. programada - 5. abiertas - 6. escritos - 7. revueltas - 8. resueltos

Ejercicio 139: 1. Me pareció ver a Susana ilusionada. - 2. Me pareció ver a tus amigos impacientes. - 3. Me pareció ver a tus compañeras perdidas. - 4. Me pareció ver a Antón animado. - 5. Me pareció ver a tus padres fatigados. - 6. Me pareció ver a tu familia convencida. - 7. Me pareció ver a tu chico aburrido. - 8. Me pareció ver a tu chica divertida.

Ejercicio 140: *Tachar:* 1. pensativa - 2. pensado - 3. ganada - 4. ganador - 5. gastado - 6. gastadora - 7. producido - 8. productora

Ejercicio 141: 1. será puesta - 2. serán retirados - 3. serán consultadas - 4. serán expuestos - 5. será vista - 6. será rodada - 7. será grabada - 8. serán respetados

Repaso 142: analizados - definida - adoptadas - hechas - convencidos - tomadas - propuestas

Capítulo 9

Ejercicio 143: 1. El campo de concentración de Dachau es creado por los nazis en 1933. - 2. Guernica es bombardeada por la aviación alemana en 1937. - 3. *El Guernica* es pintado por Picasso en 1937. - 4. Austria es anexionada por Hitler en 1938. - 5. Francia es invadida por Alemania en 1940. - 6. El gueto de Varsovia es creado por el general Hans Frank en 1940. - 7. El Proceso de Nuremberg es abierto por los aliados en 1945. - 8. Los más altos dirigentes nazis son condenados por los jueces en 1946.

Ejercicio 144: 1. es inventado - 2. es pintado - 3. son realizadas - 4. son reivindicadas - 5. es dejado - 6 es descompuesta / es pintada - 7. es considerado - 8. son invitados

Ejercicio 145: 1. La obra *Otelo* fue escrita Shakespeare. - 2. La teoría de la relatividad fue inventada por Einstein. - 3. La película *La Diligencia* fue dirigida por John Ford. - 4. El cuadro *El Grito* fue pintado Munch. - 5. Cuatro oscar a la mejor actriz fueron ganados por Katherine Hepburn. - 6. Las transformaciones de París en el siglo XIX fueron dirigidas por Hausmann. - 7. Los premios Nobel fueron creados por Alfred Nobel. - 8. La construcción de Brasilia fue dirigida por Oscar Niemeyer.

Ejercicio 146: 1. c - 2. g - 3. b - 4. a - 5. d - 6. h - 7. f - 8. e

Ejercicio 147: 1. Se distribuyeron cientos de mantas y víveres. - 2. Se protegían las ventanas del fuerte viento. - 3. Se envían continuamente mensajes por radio. - 4. Se reforzarán las medidas de seguridad. - 5. Se cancelaron todos los vuelos. - 6. Se cerrará el aeropuerto por un periodo de 24 horas. - 7. Se realoja a los turistas en los hoteles. - 8. Se ha alertado a la población del peligro.

Ejercicio 148: 1. El motor Ford T fue lanzado en 1908. - 2. Fue creado en Detroit. - 3. El volante fue colocado en el lado izquierdo. - 4. Fue producido en cadena a partir de 1913. - 5. Fue puesto en el mercado en 1908 a 825 dólares. - 6. Fue fabricado para la clase media americana. - 7. Fue apoyado en su salida al mercado por una campaña de publicidad masiva. - 8. Fueron vendidas más de 15 millones de unidades.

Ejercicio 149: 1. c - 2. a - 3. b - 4. d - 5. f - 6. g - 7. h - 8. e

Ejercicio 150: 1. El aceite de oliva lo traen los fenicios a la Península Ibérica. - 2. La producción masiva en Andalucía la propagan los romanos. - 3. Las aceitunas las recolectan a finales de otoño o principios de invierno. - 4. La aceituna recolectada la transportan a las almazaras. - 5. Las aceitunas las muelen en un primer proceso. - 6. Después la masa resultante la baten. - 7. Finalmente el aceite lo extraen por presión o por centrifugación. - 8. Los diversos aceites de oliva españoles los degustan millones de personas.

Ejercicio 151: 1. El asesinato lo cometieron en Dallas. - 2. Al herido lo condujeron en un primer momento al hospital Parkland. - 3. Su defunción la comunicaron a las 13 h. - 4. La autopsia la efectuaron en Washington. - 5. Los funerales los celebraron en la catedral de San Mateo. - 6. El funeral de estado lo celebraron tres días después de su muerte. - Al Presidente lo enterraron en el cementerio de Arlington. - 8. La noticia la publicaron en todos los periódicos del mundo.

Repaso 152: había sido hecha - fui consultado - fueron escogidos - fueron estudiadas - fue descartada - fue elegida - fue enviada

Ejercicio 153: *Tachar:* 1. está - 2. es - 3. es - 4. están - 5. es - 6. está - 7. es - 8. está

Ejercicio 154: 1. es - 2. está - 3. está - 4. es - 5. es - 6. es - 7. está - 8. es

Ejercicio 155: 1. Los Juegos Paraolímpicos son en Londres. - 2. La ceremonia de clausura es en el estadio olímpico. - 3. El estadio olímpico está al este de la capital. - 4. Las pruebas de vela son en Weymouth y Portland. - 5. Las pantallas de televisión están estratégicamente situadas. - 6. El palco de honor está en el centro del estadio. - 7. Los partidos de tenis son en el estadio de Wimbledon. - 8. Todo el atletismo es en el estadio principal.

Ejercicio 156: *Tachar:* 1. soy - 2. está - 3. está - 4. es - 5. Está - 6. Está - 7. Soy - 8. es

Ejercicio 157: 1. es - 2. Estoy - 3. Es - 4. Es - 5. Está - 6. está - 7. es - 8. está

Ejercicio 158: 1. Sí, es abierto. - 2. Sí, está negra. - 3. Sí, están paradas. - 4. Sí, es alegre. - 5. Es negro. - 6. Es parada. - 7. Sí, está abierto. - 8. Sí, está alegre.

Ejercicio 159: 1. Está - 2. Está - 3. Es - 4. Está - 5. Es - 6. Es - 7. Está - 8. Es

Ejercicio 160: 1. a / c / f / g - 2. b / d / e / h

Repaso 161: Fue - era - era - estaba - Fue - ser - ser - fue - fueron - era - estuvo - estaban - era - estaba

Capítulo 10

Ejercicio 162: 1. No es verdad que me haya echado atrás. - 2. No es verdad que te hayas retirado a tiempo. - 3. No es verdad que se haya vuelto más prudente. - 4. No es verdad que nos hayamos jugado mucho. - 5. No es verdad que hayáis apostado un montón. - 6. No es verdad que hayan dado la cara. - 7. No es verdad que todo haya salido divinamente. - 8. No es verdad que todos hayan respondido.

Ejercicio 163: 1. Una vez que hayas solucionado el problema. - 2. Una vez que haya obtenido el visto bueno. - 3. Una vez que hayamos logrado la autorización. - 4. Una vez que hayamos conseguido un taxi. - 5. Una vez que nos hayamos puesto de acuerdo. - 6. Una vez que haya recibido los originales. - 7. Una vez que hayan llegado a un acuerdo. - 8. Una vez que haya vendido las acciones

Ejercicio 164: 1. Una vez que soluciones el problema. - 2. Una vez que obtenga el visto bueno. - 3. Una vez que logremos la autorización. - 4. Una vez que consigamos un taxi. - 5. Una vez que nos pongamos de acuerdo. - 6. Una vez que reciba los originales. - 7. Una vez que lleguen a un acuerdo. - 8. Una vez que venda las acciones.

Ejercicio 165: 1. Espero que no se lo haya tomado en serio. - 2. Espero que se lo hayan pensado dos veces. - 3. Espero que no te hayas cogido un cabreo. - 4. Espero que no os lo hayáis creído. - 5. Espero que no se hayan dado cuenta. - 6. Espero que no te hayas echado para atrás. - 7. Espero que no hayáis puesto peros. - 8. Espero que no se haya hecho el tonto.

Ejercicio 166: *Tachar:* 1. haya sido - 2. descubra - 3. hayan seguido - 4. hayas existido - 5. acabe - 6. reduzca - 7. haya vivido - 8. avance

Ejercicio 167: 1. ha habido - 2. hayan sido - 3. han aumentado - 4. haya beneficiado - 5. han cambiado - 6. haya logrado - 7. ha salido - 8. haya erradicado

Ejercicio 168: 1. Es mejor que haya dejado de lado los problemas. - 2. Es mejor que hayáis cortado de raíz. - 3. Es mejor que hayamos aireado la mente. - 4. Es mejor que te hayas liberado un poco. - 5. Es mejor que hayan puesto tierra de por medio. - 6. Es mejor que haya tomado distancias. - 7. Es mejor que me haya distanciado. - 8. Es mejor que nos hayamos olvidado del tema.

Ejercicio 169: 1. ha manifestado - 2. ha debido - 3. haya expresado - 4. haya sometido - 5. ha votado - 6. haya habido - 7. haya sido - 8. ha respetado

Ejercicio 170: 1. No creo que se haya cansado de jugar. - 2. No creo que hayamos terminado con este asunto. - 3. No creo que haya ganado la apuesta. - 4. No creo que hayas perdido el control. - 5. No creo que hayáis hecho bastante. - 6. No creo que os haya dicho todo. - 7. No creo que hayan sido seleccionados. - 8. No creo que haya sido descartado.

Repaso 171: *Tachar:* haya - haya - ha - ha - haya - hemos - ha - haya - ha - haya - ha

Ejercicio 172: 1. hubiese - 2. hubieses - 3. hubiese - 4. hubiésemos - 5. hubieseis - 6. hubiesen - 7. hubiese - 8. hubiesen

Ejercicio 173: 1. hubieras llevado - 2. hubiera puesto - 3. os hubierais quejado - 4. hubieran solicitado - 5. hubiéramos mostrado - 6. me hubiera negado - 7. nos hubiéramos llevado - 8. hubiera salido

Ejercicio 174: 1. Si te hubieras abrigado, no habrías cogido este resfriado. - 2. Si se hubiera confundido, habría dicho algo. - 3. Si nos hubiéramos retrasado, habríamos avisado. - 4. Si hubieran engañado a la gente, habrían sido multados. - 5. Si se hubiera olvidado de la clave, no habría podido abrir la caja. - 6. Si me hubiera encontrado mal, habría ido a urgencias. - 7. Si se hubieran sentido a gusto, se habrían quedado. - 8. Si hubierais comido algo en malas condiciones, lo habríais notado.

Ejercicio 175: 1. De habérmelo preguntado, se lo habría dicho. - 2. De habérselo pedido, se lo habría dado. - 3. De haber dado señales de vida, estaríamos más tranquilos. - 4. De haberlo sabido, no habría venido. - 5. De haber aprobado, habría solicitado una beca. - 6. De haber comprado la casa, habríamos pedido un préstamo. - 7. De no haber cambiado de coche, me habría ido de vacaciones. - 8. De no haberme engañado antes, ahora no desconfiaría.

Ejercicio 176: 1. había dormido - 2. hubiéramos cambiado - 3. hubieras puesto - 4. habían abierto - 5. hubierais invitado - 6. hubieras venido - 7. había hecho - 8. había dicho

Ejercicio 177: 1. Se hizo mucha publicidad antes de que se hubiera estrenado la película. - 2. Se probó antes de que se hubiera comercializado. - 3. Se hizo una última revisión antes de que hubieran llegado los invitados. - 4. Se cortó el tráfico antes de que hubiera pasado la comitiva. - 5. Se tomó unas vacaciones antes de que hubiera empezado el curso. - 6. Se inscribió en el cursillo antes de que hubieran aumentado las tarifas. - 7. Se matriculó en medicina antes de que hubiera finalizado el plazo. - 8. Se abonó a la revista antes de que hubiera terminado la promoción.

Ejercicio 178: 1. ¡Si hubieran hecho algo! - 2. ¡Si hubiéramos dicho algo! - 3. ¡Si hubieras puesto algo! - 4. ¡Si hubiera contribuido algo! - 5. ¡Si hubieran pedido algo! - 6. ¡Si hubiera servido para algo! - 7. ¡Si hubieras descubierto algo! - 8. ¡Si hubiera resuelto algo!

Ejercicio 179: 1. ¡Como si hubieran gastado tanto! - 2. ¡Como si hubieras contado tanto! - 3. ¡Como si hubierais dado tanto! - 4. ¡Como si hubiera dicho tanto! - 5. ¡Como si hubieran ayudado tanto! - 6. ¡Como si hubierais visto tanto! - 7. ¡Como si hubiera aguantado tanto! - 8. ¡Como si hubieras soportado tanto!

Repaso 180: *Tachar:* habíamos - habíamos - hubiéramos - habíamos - habíamos - hubieran

Capítulo 11

Ejercicio 181: 1. os mantengáis - 2. cometan - 3. se cierre - 4. salga - 5. vaya - 6. se haga - 7. se acepte - 8. sea

Ejercicio 182: 1. Prefería que os mantuvierais al margen. - 2. Esperaba que no cometieran ningún error. - 3. Nos oponíamos a que se cerrara ese teatro. - 4. Tenían la esperanza de que todo saliera bien. - 5. Deseaba que todo te fuera bien. - 6. Procurábamos que se hiciera justicia. - 7. Pretendían que su idea se aceptara sin discusión. - 8. Queríamos que todo fuera discutido de antemano.

Ejercicio 183: 1. Antes no aconsejaban que se tuviera prudencia. - 2. Antes no sugerían que se fuera acompañado. - 3. Antes no permitían que se entrara libremente. - 4. Antes no negaban que hubiera peligro. - 5. Antes no dejaban que usáramos internet. - 6. Antes no pedían que utilizáramos las redes sociales. - 7. Antes no proponían que se controlara el acceso. - 8. Antes no protestaban que fuera gratuito.

Ejercicio 184: 1. Pues yo no quiero que saquen ese tema.- 2. Pues yo no quiero que propongan otra fecha. - 3. Pues yo no quiero que distribuyan las invitaciones. - 4. Pues yo no quiero que conozcan al invitado sorpresa. - 5. Pues yo no quiero que sigan con el programa. - 6. Pues yo no quiero que pidan una prórroga. - 7. Pues yo no quiero que consulten los archivos. - 8. Pues yo no quiero que den su opinión.

Ejercicio 185: 1. Falta confirmárselo. - 2. Falta ponerlo en la red. - 3. Falta construir un sitio internet. - 4. Falta anunciarlo en la prensa. - 5. Falta conseguir el dinero. - 6. Falta servirlo. - 7. Falta recoger la mesa. - 8. Falta cocer las patatas.

Ejercicio 186: 1. Basta con que des un telefonazo. - 2. Basta con que eches una ojeada. - 3. Basta con que no digas palabrotas. - 4. Basta con que no te pongas pesado. - 5. Basta con que te las arregles solo. - 6. Basta con que no te las des de listo. - 7. Basta con que no te hagas el loco. - 8. Basta con que pruebes suerte.

Ejercicio 187: 1. Eso provoca que la contaminación disminuya. - 2. Eso provoca que los tipos de interés suban. - 3. Eso provoca que la bolsa baje. - 4. Eso provoca que la economía crezca. - 5. Eso provoca que los gérmenes proliferen. - 6. Eso provoca que las materias primas pierdan valor. - 7. Eso provoca que las acciones caigan. - 8. Eso provoca que los virus resistan.

Ejercicio 188: 1. Eso provocó que la contaminación disminuyera/disminuyese. - 2. Eso provocó que los tipos de interés subieran/subiesen. - 3. Eso provocó que la bolsa bajara/bajase. - 4. Eso provocó que la economía creciera/creciese. - 5. Eso provocó que los gérmenes proliferaran/proliferasen. - 6. Eso provocó que las materias primas perdieran/perdiesen valor. - 7. Eso provocó que las acciones cayeran/cayesen. - 8. Eso provocó que los virus resistieran/resistiesen.

Ejercicio 189: 1. No, no sabía que estabais/estuvierais enfadados. - 2. No, no sabía que vivían/vivieran tan lejos. - 3. No, no sabía que se conocían/conocieran. - 4. No, no sabía que os llevabais/llevarais mal. - 5. No, no sabía que te hacía/hiciera la vida imposible. - 6. No, no sabía que solo se movía/moviera por interés. - 7. No, no sabía que le debía/debiera dinero a todo el mundo. - 8. No, no sabía que tenían/tuvieran un juicio por difamación.

Repaso 190: que decidamos - que alquilemos - que busquemos - que elaboremos - que recojamos - que establezcamos - que contratemos - que pidamos - que tengamos - que dispongamos

Repaso 191: Faltaba que nos pusiéramos de acuerdo sobre el país y que decidiéramos cuántos días íbamos a ir. A partir de ahí faltaba todo lo demás: que alquiláramos un coche, que buscáramos alojamiento, que elaboráramos un itinerario, que recogiéramos información, que estableciéramos una ruta, que contratáramos los servicios de un guía y que pidiéramos un pequeño crédito. No bastaba con que tuviéramos tiempo y ganas, también era necesario que dispusiéramos de dinero.

Ejercicio 192: 1. Al saber de qué iba la película, cambió de canal. - 2. Al tocarle a él, ya no le pareció tan divertido. - 3. Al verlos, los puso al día. - 4. Al salirse con la suya, se quedó tranquilo. - 5. Al vernos, se hizo el loco. - 6. Al enterarme de la noticia, me quedé boquiabierto. - 7. Al descubrir la verdad, se quedó de piedra. - 8. Al coger el teléfono, se puso a gritar.

Ejercicio 193: *Tachar:* 1. tanto - 2. tan - 3. tan - 4. tanto - 5. tan - 6. tanto - 7. tan - 8. tanto

Ejercicio 194: 1. insista/cambiará - 2. pida/dará - 3. pregunte/contestará - 4. cuente/creerá - 5. oiga/entenderá - 6. dé/encontrará - 7. gane/estará - 8. haga/seguirá

Ejercicio 195: 1. Por más que insiste, nada cambia. - 2. Por más que pide, nadie le da nada. - 3. Por más que pregunta, nadie le contesta. - 4. Por más que lo cuente, nadie le cree. - 5. Por más veces que lo oye, no entiende una palabra. - 6. Por más vueltas que le da, no encuentra la solución. - 7. Por más dinero que gana, nunca está contento. - 8. Por más cambios que hace, todo sigue igual.

Ejercicio 196: 1. Incluso si es discreto, llama la atención. - 2. Incluso si vas a pie, no te lleva más de 10 minutos. - 3. Incluso si hablan bajo, se oye lo que dicen. - 4. Incluso si tiene mucho trabajo, no se queja. - 5. Incluso si hace calor, es soportable. - 6. Incluso si nieva, se puede acceder. - 7. Incluso si llueve, no te mojas. - 8. Incluso si graniza, sale a dar un paseo.

Ejercicio 197: 1. A pesar de que te lo haya dicho, no te quejes. - 2. A pesar de que os lo hayan aconsejado, no escribáis una carta de protesta. - 3. A pesar de que te lo haya pedido, no cuentes todo. - 4. A pesar de que te lo hayan recomendado, no pagues. - 5. A pesar de que os lo hayan dicho, no invirtáis dinero. - 6. A pesar de que te lo hayan propuesto, no te unas a ellos. - 7. A pesar de que os lo haya pedido, no le dejéis dinero. - 8. A pesar de que os lo haya aconsejado, no os marchéis.

Ejercicio 198: 1. …y eso que le dije que no llamara. - 2. …y eso que le dije que no insistiera. - 3 …y eso que le dije que no fuera. - 4. …y eso que le dije que no condujera. - 5. …y eso que le dije que no volviera. - 6. …y eso que le dije que no bebiera. - 7. …y eso que le dije que no construyera. - 8. … y eso que le dije que no siguiera.

Ejercicio 199: 1. Vengo a que nos pongamos de acuerdo. - 2. Vengo a que hablemos tranquilamente. - 3. Vengo a que tengamos una conversación. - 4. Vengo a que solucionemos los problemas. - 5. Vengo a que nos conozcamos mejor. - 6. Vengo a que aparquemos nuestras diferencias. - 7. Vengo a que nos digamos todo a la cara. - 8. Vengo a que seamos francos el uno con el otro.

Repaso 200: *Tachar:* insiste - tan - era - decía - regular - le hicieran - le pregunté